MAGELLAN
ENSEIGNER

CM

Vie de classe Vie d'élève

GUIDE PÉDAGOGIQUE

Sophie Le Callennec
Professeure d'enseignement moral et civique

Hatier

Table des copyrights

p. 31	ph © chones / stock.adobe.com
p. 40	dstarky / stock.adobe.com
p. 83	ph © Dzmitry / stock.adobe.com
p. 86	ph © Sergey Nikitin / stock.adobe.com
p. 86	ph © Tartila / stock.adobe.com
p. 86	ph © studioworkstock / stock.adobe.com
p. 119	alex_sunset / stock.adobe.com
p. 120	alex_sunset / stock.adobe.com et © toQeerHossain / stock.adobe.com

Conception graphique	Sophie Malo, Hung ho thanh
Illustrations	Vincent Brascaglia et Sylvain Frécon
Relecture	Geneviève Miral

Avant-propos

LES OUTILS VIE DE CLASSE • VIE D'ÉLÈVE

Le carnet ***Vie de classe • Vie d'élève CM*** a été conçu pour permettre aux élèves :
• de développer leurs compétences psychosociales dans toutes leurs dimensions, tant émotionnelles, sociales que cognitives ;
• de prendre soin du climat de classe en intégrant la place de chacune et de chacun, y compris celle de l'enseignante ou de l'enseignant ;
• de parcourir les méthodes qui aident à entrer dans les apprentissages et de se connaitre suffisamment pour choisir les mieux adaptées à leur cas personnel.

Voici le **guide pédagogique** qui l'accompagne, sous la forme de fiches détachables, pour en faciliter la manipulation. Vous y trouverez :
– des **apports théoriques**, en lien avec les recherches les plus récentes dans le domaine des neurosciences cognitives
– les objectifs poursuivis par chacune des activités proposées
– une suggestion de durée 10 min qui tient compte de la correction ou du retour collectif (mais pas des prolongements proposés après l'activité)
– un point sur le **Matériel** à prévoir
– des précisions pour la mise en œuvre de chaque activité, notamment l'organisation pour un travail **individuel**, **en binômes**, **en petits groupes** ou encore **en groupe classe**
– des corrections pour les exercices, des pistes d'exploitation et des suggestions pour les activités personnalisées et pour le retour en groupe classe
– des ressources complémentaires (matériel à photocopier, audios…)
– des **PROLONGEMENTS** possibles pour ancrer les nouvelles compétences ou poursuivre et enrichir les activités.

POUR LA MISE EN ŒUVRE

Comme dans le carnet de l'élève, les séquences sont organisées en quatre thématiques (repérables par la couleur), qui donnent du sens à la vie de classe et à la vie d'élève. L'enseignant(e) peut réaliser chaque séquence en une seule fois ou la découper en plusieurs séances, faire toutes les activités proposées ou se concentrer sur une partie d'entre elles, consacrer à ces activités un créneau régulier dans l'emploi du temps (une heure hebdomadaire pour une double page du carnet, par exemple, ou 10 minutes quotidiennes en répartissant les activités sur la semaine), ou moduler en fonction des évènements vécus par la classe, voire travailler en différenciation selon les besoins de chacun.

Nous avons conçu chacune des quatre parties selon une logique de progression, mais la programmation peut être librement organisée. Pour ceux qui le souhaitent, nous suggérons dans les pages qui suivent deux pistes possibles :
– une programmation ordonnée sur les deux années, CM1 et CM2,
– une programmation réactive et modulable en fonction de la vie de la classe.

Nous remercions les enseignantes et les enseignants qui nous ont aidées à concevoir ces outils, qui les ont testés en classe et nous ont fait part de leurs remarques. Nous espérons que vous prendrez plaisir à travailler avec votre classe sur les thèmes abordés et que vous verrez vos élèves progresser dans leurs apprentissages, dans leur chemin vers l'autonomie et dans le vivre ensemble.

Sophie Le Callennec

Sommaire

Se mobiliser pour mieux apprendre

Ressources en ligne

Liste des fiches à photocopier

Suggestion de programmation

CM1

		GP	Carnet de l'élève
SEPTEMBRE	Je découvre ma classe	11	6
	Quelle est mon humeur du jour ?	29	22
	Comment mon cerveau fonctionne-t-il ?	57	46
OCTOBRE	Pourquoi allons-nous à l'école ?	15	10
	Comment se montrer positif ?	31	24
NOVEMBRE	Mieux se connaitre pour mieux apprendre	59	48
	Pourquoi j'ai cette place dans la classe ?	17	12
	Comment est la vie dans notre classe ?	33	26
DÉCEMBRE	Comment se situer, se déplacer dans l'école ?	19	14
	Comment éviter les conflits ?	35	28
JANVIER	Comment pratiquer l'empathie ?	39	32
	Se connaitre mutuellement pour mieux apprendre ensemble	61	50
	Être attentif pour mieux apprendre	97	72
FÉVRIER	Comment mieux communiquer entre nous ?	41	34
	Connaitre sa mémoire pour mieux apprendre (1)	63	52
MARS	Comment faire des messages clairs ?	43	36
	Entrainer son cerveau pour mieux apprendre	83	64
	Se motiver pour mieux apprendre	101	74
AVRIL	Se tromper pour apprendre	85	66
	Manger pour mieux apprendre	103	76
	Mieux travailler à la maison	125	92
MAI	Nous sentons-nous exclus ?	45	38
	Dormir pour mieux apprendre	105	78
JUIN	Un corps en pleine forme pour mieux apprendre	107	80
	Qu'est-ce que le harcèlement ? (1)	47	40

Suggestion de progression non programmée

en début d'année • à l'occasion • à tout moment • en fin de CM1 ou CM2

S'impliquer dans la classe et dans l'école

Mieux vivre ensemble

Mieux se connaitre pour mieux apprendre

Se mobiliser pour mieux apprendre

Je découvre ma classe

p. 6-7

Cette première fiche, à effectuer en début d'année, permet aux élèves de découvrir le carnet et les activités liées à la « vie de classe, vie de l'élève », et de se les approprier.

1. Introduction en groupe classe : présenter le carnet « Vie de classe, vie d'élève » et les thématiques qui vont être abordées dans l'année ; expliquer qu'il n'y aura ni évaluations ni notes ; il s'agit de découvrir et de comprendre son propre fonctionnement, en tant qu'apprenant individuel et en tant que membre du groupe classe, pour améliorer son bien-être, sa vie quotidienne et ses capacités d'apprentissage.

A Évaluer et exprimer son ressenti par rapport au choix de classe — 10 min

Cette première activité propose aux élèves d'évaluer leur satisfaction par rapport à la classe et d'en identifier les causes. C'est l'occasion d'une auto-observation, exercice qui se reproduira dans l'année. C'est aussi l'occasion d'exprimer une éventuelle insatisfaction, de constater qu'elle peut être entendue ou partagée, ce qui permet d'éviter de ruminer et incite à chercher des solutions.

Matériel : activité A du carnet élève.

1. Introduction en groupe classe : lire le titre de l'activité (Suis-je content/contente de ma classe ?), expliquer qu'il n'y a pas de bonnes et de mauvaises réponses, il s'agit de répondre en fonction de son expérience personnelle, d'exprimer son avis, le plus justement et sincèrement possible. Seul(e)s celles et ceux qui le souhaitent partageront leurs réponses avec la classe.

2. Activité individuelle : entourer les items choisis puis colorier « son » propre smiley ☺ 😐 ☹.

3. Retour en groupe classe : laisser les élèves qui le souhaitent s'exprimer puis procéder à un vote à main levée pour connaitre le sentiment général de la classe ; les élèves colorient alors le smiley correspondant à la « satisfaction » moyenne de la classe. L'expression de sentiments négatifs est accueillie par l'enseignant(e) de façon que les élèves prennent l'habitude, dans ces activités « Vie de classe, vie d'élève », de s'exprimer librement.

PROLONGEMENT : amorcer un dialogue sur ce qui pourrait être amélioré pour que davantage d'élèves soient satisfaits de la classe.

B Établir une « carte d'identité » de sa classe — 10 min

L'activité est l'occasion d'une « verbalisation » des réalités de la classe.

Matériel : activité B du carnet élève.

1. Introduction en groupe classe : lire le titre de l'activité (Est-ce que je connais ma classe ?).

2. Activité en groupe classe : collecter oralement les informations.

3. Activité individuelle : transcrire les réponses dans le carnet.

PROLONGEMENT : réfléchir sur la manière d'accueillir au mieux les nouveaux élèves.

C Découvrir les élèves de la classe — 20 min

L'activité est l'occasion de découvrir un(e) élève de la classe (son voisin ou sa voisine, un ou une élève tiré(e) au sort, un ou une élève choisi(e) parce que, justement, on le/la connait mal…). Elle apprend aux élèves à s'ouvrir aux autres et à chercher à mieux se connaitre.

Matériel : activité C du carnet élève + fiche 1 page 12 de ce guide, à photocopier.

1. Introduction en groupe classe : lire le titre de l'activité (Que puis-je découvrir à propos de cet élève/cette élève ?), présenter l'activité (attention, il ne s'agit pas de tout remplir mais de choisir les items en fonction du temps imparti).

2. Activité en binômes : échanger en binômes, chaque élève complétant la fiche concernant l'autre élève.

3. Retour en groupe classe : les élèves qui le veulent sélectionnent une ou plusieurs informations étonnantes, intéressantes, surprenantes à propos de leur camarade et les partagent avec la classe.

4. Conclusion : proposer aux élèves de chercher à mieux se connaitre, à se découvrir davantage.

PROLONGEMENT : réfléchir individuellement ou collectivement sur ce que l'on peut faire pour mieux se connaitre mutuellement.

Fiche 1

Mon camarade, ma camarade Fiche remplie par : ______

Son prénom :

______

Son âge : ______

Je le/la connais

depuis ______

______

______

Le pays, la région, la ville où il ou elle est né(e)

______

______

Un endroit génial qu'il ou elle a vu

______

______

Il ou elle aime, adore

______

______

Il ou elle déteste

______

______

Son héros ou son héroïne préféré(e)

______

______

Son moment préféré

______

______

- Son sport favori : ______
- Sa couleur préférée : ______
- Son animal préféré : ______
- Son livre préféré : ______
- Son film préféré : ______
- Son jeu préféré : ______
- Son plat préféré : ______
- Le pays de ses rêves : ______
- Le métier de ses rêves : ______

______

______

______

- Il ou elle préfère : le soleil / la pluie
la nouveauté / l'habitude
les questions / les réponses
faire des choix/qu'on décide pour elle ou lui
le bruit / le silence

Ce à quoi il ou elle pense souvent

______

______

______

Jamais je n'aurais pensé de lui ou d'elle que...

______

______

Nous avons des points communs

______

______

Je connais mon école

p. 8-9

Dans la lignée de la fiche précédente, cette deuxième fiche, à proposer en début d'année, permet aux élèves de faire le point sur leur école et de la faire découvrir aux nouveaux.

A Énoncer son historique par rapport à l'école — 15 min

L'activité s'adresse à tous, notamment aux nouveaux élèves, à qui elle permet de s'exprimer sur leur changement d'école.

Matériel : activité A du carnet élève.

1. Introduction en groupe classe : lire le titre de l'activité (Étais-je dans cette école l'année dernière ?), expliquer qu'il n'y a pas de bonnes ou de mauvaises réponses, il s'agit de répondre en fonction de son expérience personnelle, d'exprimer son avis, le plus justement et sincèrement possible. Seul(e)s celles et ceux qui le souhaitent partageront leurs réponses avec la classe.

2. Activité individuelle : remplir la fiche, cocher les items personnels et s'interroger sur son ressenti par rapport à l'école.

3. Retour en groupe classe : sur la base du volontariat.

4. Conclusion : s'interroger sur l'accueil et le bien-être des nouveaux élèves.

B Faire le point sur le choix de l'école — 10 min

L'activité amène les élèves à réfléchir aux raisons pour lesquelles ils se trouvent dans cette école. Elle est l'occasion de faire un point sur l'école publique et l'école privée, loin des clichés et des rivalités que les élèves cultivent parfois.

Matériel : activité B du carnet élève.

1. Introduction en groupe classe : lire le titre de l'activité (Au fait, pourquoi suis-je dans cette école ?), expliquer qu'il n'y a pas de bonnes ou de mauvaises réponses, il s'agit de répondre en fonction de son expérience personnelle, d'exprimer son avis, le plus justement et sincèrement possible. Seul(e)s celles et ceux qui le souhaitent partageront leurs réponses avec la classe.

2. Activité individuelle : cocher les réponses.

3. Retour en groupe classe : retour collectif sur les réponses communes (*école publique ou privée, laïque ou religieuse, éventuellement bilingue et/ou avec une pédagogie particulière*). Les élèves volontaires peuvent partager leurs réponses sur les items plus personnels.

C Établir la « carte d'identité » de l'école et identifier les informations nécessaires en cas d'urgence — 10 min

L'activité permet de faire le point sur l'école.

Matériel : activité C du carnet élève, fiche 2 page 14 de ce guide, à photocopier.

1. Introduction en groupe classe : lire le titre de l'activité (Est-ce que je connais bien mon école ?), puis collecter oralement les informations.

2. Activité individuelle : remplir individuellement la fiche.

PROLONGEMENT : recherche sur l'école (son nom, son histoire…).

D Chercher comment améliorer la vie dans l'école — 15 min

L'activité vise à chercher comment aider chacun à se sentir bien dans l'école.

Matériel : activité D du carnet élève.

QUELQUES RÈGLES POUR LE TRAVAIL ORAL EN GROUPE

- Chacun a eu l'occasion de s'exprimer.
- Personne n'a monopolisé la parole.
- Nous nous sommes écoutés les uns les autres.
- Nous ne nous sommes pas coupé la parole.
- Nous avons accueilli avec bienveillance toutes les opinions, toutes les idées.
- Il peut y avoir des désaccords mais il n'y a pas eu de conflit.
- Nous avons décidé en votant.
- Nous avons préparé une synthèse à présenter à la classe.

1. Introduction en groupe classe : lire le titre de l'activité (Comment pouvons-nous améliorer la vie dans l'école ?), créer les groupes, éventuellement répartir les thématiques (Comment aider les élèves absent(e)s ? Que faire pour que la récréation soit un bon moment pour tous ?…) et lancer l'activité.

2. Activité en petits groupes : échanger sur des thématiques choisies par le groupe ou attribuées ; puis préparer une synthèse à présenter à la classe. S'auto-évaluer selon « Quelques règles pour le travail oral en groupe », page 13 ci-contre.

3. Retour en groupe classe : chaque groupe présente les résultats de ses échanges et la classe peut choisir des manières d'améliorer la vie dans l'école.

PROLONGEMENT : mettre en œuvre les améliorations choisies et procéder à un retour d'expérience pour évaluer les progrès.

Fiche 2

La carte d'identité de mon école

Fiche remplie par : ______________________

Son nom : ______________________

Les coordonnées de l'école

Son adresse : ______________________

____

____

____

____

Son numéro de téléphone : ______________________

Son adresse mail : ______________________

Son site Internet : ______________________

____

Sur les réseaux sociaux : ______________________

____

____

Le logo ou le dessin de mon école

Ce que l'on voit sur la façade/à l'entrée

____

____

____

____

____

L'histoire de l'école

Mon école existe depuis ______________________

Son nom vient de ______________________

____

Les caractéristiques de l'école

- ❑ école publique
- ❑ école privée
- ❑ école laïque
- ❑ école religieuse

____

- ❑ école bilingue ______________________
- ❑ ______________________
- ❑ ______________________

Les personnes dans l'école

Nombre de classes : ______________________

Nombre d'élèves : ______________________

Nombre d'enseignant(e)s : ______________________

Le directeur/la directrice : ______________________

____

____

Une chose que je voudrais dire sur mon école

____

____

____

Pourquoi allons-nous à l'école ?

p. 10-11

Les élèves de CM sont en pleine exploration du monde qui les entoure et cherchent à donner un sens à leurs actions. Si certains éprouvent du plaisir à fréquenter le système scolaire, d'autres se sentent rebutés par les contraintes, désintéressés par les apprentissages, envahis par un sentiment d'ennui, voire découragés par une impression d'échecs récurrents.

Cette séquence offre l'opportunité de sonder l'adhésion de la classe au projet scolaire, tout en faisant prendre conscience que l'école obligatoire représente une chance inestimable, tant pour l'élève que pour la société.

A Évaluer l'envie d'aller à l'école ce matin — 5 min

Avant de faire comprendre les enjeux autour de la scolarité, l'activité permet aux élèves d'exprimer leur plus ou moins grande envie d'aller à l'école.

Matériel : activité A du carnet élève.

1. Introduction en groupe classe : lire le titre de l'activité (Avais-je envie d'aller à l'école ce matin ?), puis lancer l'activité en expliquant qu'il n'y a pas de bonnes ou de mauvaises réponses et qu'il ne faut pas chercher ce qui fera plaisir à l'enseignant(e), mais identifier son ressenti personnel.

2. Activité individuelle : colorier son smiley personnel.

3. Retour en groupe classe : voter à main levée pour connaitre le sentiment général de la classe.

4. Activité individuelle : colorier le smiley correspondant à « l'envie » moyenne de la classe.

5. Activité en groupe classe : l'enseignant(e) partage avec la classe sa propre envie de venir à l'école ce matin ; c'est l'occasion pour les élèves à la fois de prendre conscience que l'enseignant(e) « fait partie » de la classe mais aussi qu'elle ou il peut également, certains jours, ne pas avoir très envie de venir (il fait froid, elle est fatiguée, il a des soucis, elle a longuement travaillé la veille pour préparer les cours…).

6. Activité individuelle : colorier le smiley correspondant à « l'envie » de l'enseignant(e).

B Évaluer l'envie d'aller à l'école habituellement — 15 min

l'école

les camarades

la récréation

les enseignant(e)s

les évaluations

la cantine

rester assis(e)

écrire

L'activité est similaire à la précédente mais porte sur l'envie non plus ponctuelle (aujourd'hui) mais habituelle d'aller à l'école.

Matériel : activité B du carnet élève.

1. Introduction en groupe classe : lire le titre de l'activité (Généralement, est-ce que j'ai envie d'aller à l'école ?), rappeler la différence entre l'envie ponctuelle (ce matin) et l'envie habituelle.

2. Activité individuelle : dessiner son smiley puis indiquer ce que l'on aime ou pas à l'école (tout n'est pas nécessairement entouré).

3. Retour en groupe classe : voter à main levée pour connaitre le sentiment général de la classe.

4. Activité individuelle : dessiner le smiley correspondant à « l'envie » moyenne de la classe.

5. Retour en groupe classe : sur la base du volontariat pour ce qui concerne les activités appréciées ou pas à l'école.

6. Activité en groupe classe : l'enseignant(e) partage avec la classe sa propre envie de venir à l'école habituellement.

7. Activité individuelle : transcrire le smiley correspondant à « l'envie » de l'enseignant.

PROLONGEMENTS :

• établir la « météo » de son envie d'aller à l'école sur une ou plusieurs semaines pour aider les élèves à identifier des constantes (jours, activités scolaires ou extrascolaires) ;

• s'interroger sur la manière dont on pourrait motiver tous les élèves à venir en classe chaque jour ;

• établir une « météo de la classe » permettant à chaque élève d'indiquer, à son arrivée le matin, son humeur du jour (voir fiche 3 ci-dessous, à photocopier).

Fiche 3

Mon envie d'aller à l'école... Nom : ____________________

	Lundi	Mardi	Mercredi	Jeudi	Vendredi
Semaine du au	🙂 😐 🙁 à cause de	🙂 😐 🙁 à cause de	🙂 😐 🙁 à cause de	🙂 😐 🙁 à cause de	🙂 😐 🙁 à cause de
Semaine du au	🙂 😐 🙁 à cause de	🙂 😐 🙁 à cause de	🙂 😐 🙁 à cause de	🙂 😐 🙁 à cause de	🙂 😐 🙁 à cause de

C Comprendre le principe de l'obligation scolaire

20 min

Les lois de Jules Ferry (1881-1882) ont rendu l'école primaire gratuite pour tous, l'école publique laïque (l'enseignement doit être libre de toute influence religieuse) et l'instruction obligatoire pour les enfants âgés de 6 à 13 ans (16 ans, de nos jours). Ces lois ont garanti l'accès à l'éducation à tous les enfants, filles et garçons, et affirmé l'importance de l'éducation pour le développement de la nation. Elles ont jeté les bases du système éducatif public contemporain.

Dans un objectif de lutte contre les inégalités, l'instruction obligatoire vise à garantir que tous les enfants, quels que soient leur milieu social, leur origine, leur sexe et les compétences de leurs parents, ont accès à l'éducation et ont ainsi l'occasion d'acquérir des connaissances, de développer leurs compétences cognitives, sociales et émotionnelles, d'apprendre à vivre en société et de se préparer à devenir des citoyennes et des citoyens.

Matériel : activité C du carnet élève.

1. Introduction en groupe classe : lire le titre de l'activité (Suis-je obligé/obligée d'aller à l'école ?), puis lire ensemble le texte et répondre aux questions des élèves.

2. Activité individuelle : reformuler en une phrase puis sélectionner ce que l'école permet de découvrir.

3. Retour en groupe classe : partager les reformulations (par exemple, l'instruction/l'école obligatoire protège les enfants et leur permet de choisir leur avenir).

4. Correction en groupe classe : sélectionner les items.

– L'école apprend à lire, écrire, compter et calculer, découper, améliorer son langage, découvrir la géographie (le monde), l'histoire (le passé), les sciences et l'anglais, découvrir la citoyenneté et se préparer à voter ;

– elle est l'occasion de se faire des amis ;

– pour certains, elle leur apprend à nager, chanter, dessiner, utiliser un ordinateur ;

– en général, on apprend en dehors de l'école à faire du football, du piano, de la voile, du ski, du roller, de la trompette, à jouer aux échecs (mais certaines écoles contribuent aussi à ces apprentissages).

5. Conclusion : l'école nous prépare à l'avenir ; c'est aussi un moment pour soi, pour grandir sans les parents.

Pourquoi j'ai cette place dans la classe ?

p. 12-13

Cette séquence vise moins à localiser sa place dans la classe (compétence qui relève du cycle 2 mais qui peut faire l'objet d'une activité préliminaire) que d'appréhender la logique derrière l'attribution des places. D'une part, cela permet aux élèves insatisfaits de leur emplacement de comprendre que leur positionnement ne résulte pas de la mauvaise volonté de l'enseignant(e) mais découle de décisions et d'arbitrages complexes. D'autre part, elle montre que l'intérêt du groupe, qui prévaut, n'est pas l'addition des intérêts individuels mais a sa logique propre, ce qui les incite à s'engager davantage dans les objectifs communs.

A Situer et caractériser sa place dans la classe — 10 min

L'activité vise à identifier sa place dans la classe et à s'interroger sur ses avantages et ses inconvénients.

Matériel : activité A du carnet élève.

1. Introduction en groupe classe : lire le titre de l'activité (Quelle est ma place dans la classe ?), puis présenter l'activité en rappelant qu'il n'y a pas de bonnes ou de mauvaises réponses.

2. Activité individuelle : répondre à titre personnel.

3. Retour en groupe classe : sur la base du volontariat.

B Comprendre les raisons qui ont poussé à ce choix de place — 5 min

L'activité permet aux élèves de prendre conscience des contraintes dans l'attribution des places en classe.

Matériel : activité B du carnet élève.

1. Introduction en groupe classe : lire le titre de l'activité (Pourquoi j'ai cette place dans la classe ?), puis présenter brièvement et lancer l'activité.

2. Activité individuelle : cocher la ou les réponses correspondant à soi et, éventuellement, compléter avec ses propres idées.

3. Retour en groupe classe : sur la base du volontariat. Préciser que l'enseignant(e) n'est pas là pour « surveiller » les élèves mais pour les aider, qu'elle ou il ne choisit pas les places en fonction de ses affinités avec les élèves et surtout qu'il n'y a pas d'élèves qu'elle ou il aime ou n'aime pas.

C Comprendre pourquoi les élèves changent parfois de place — 15 min

L'activité, qui peut intervenir avant ou après un changement de place dans la classe, permet d'en comprendre l'intérêt.

Matériel : activité C du carnet élève.

1. Introduction en groupe classe : lire le titre de l'activité (Pourquoi change-t-on de place ?), puis lancer l'activité.

2. Activité individuelle : colorier les réponses.

3. Correction en groupe classe : suivant la classe, les bonnes réponses peuvent être : *venir en aide à un(e) élève, intégrer un(e) élève isolé(e), rapprocher un(e) élève qui voit mal, créer de nouveaux binômes, avoir le plaisir de changer, donner un nouveau souffle à la classe, arrêter les bavardages, nous faire découvrir de nouveaux camarades, créer des groupes de travail et mettre fin aux mésententes*, mais pas *mettre à part certains élèves* (personne n'est exclu) et *embêter les élèves* (les enseignant(e)s sont là pour les aider à progresser, pas pour les embêter).

D Exprimer sa « place idéale » et la confronter aux besoins de la classe — 10 min

L'activité permet une libre expression quant à ses souhaits de place dans la classe mais aussi la confrontation des souhaits en question avec les réalités collectives.

Matériel : activité D du carnet élève.

1. Introduction en groupe classe : lire le titre de l'activité (Puis-je dire quelle serait ma place idéale ?), puis lancer l'activité.

2. Activité individuelle : répondre librement (les élèves peuvent interroger l'enseignant(e)..

3. Retour en groupe classe : sur la base du volontariat.

PROLONGEMENT : faire établir par chaque élève une fiche des besoins et des options concernant sa place dans la classe (fiche 4 page 18 de ce guide, à photocopier).

Fiche 4

Quelle place pour moi dans la classe?

Nom : ______________________

Ma situation	Contraintes/avantages	Places impossibles	Places possibles
Mes besoins personnels			
❑ Je vois mal.	J'ai besoin de voir le tableau.	loin du tableau	devant, près du tableau
❑ Je me déplace difficilement.	J'ai besoin de sortir facilement.	loin de la porte	près de la porte
❑ J'ai des difficultés.	J'ai besoin de l'aide de l'enseignant(e).	loin de l'enseignant(e)	près de l'enseignant(e)
❑ Je suis petit(e) de taille.	J'ai besoin de voir.	derrière	devant
❑ Je me laisse facilement distraire.			
❑ Je me montre parfois agité(e).			
❑ J'ai tendance à bavarder.			
❑			
❑			
Mon impact sur la classe			
❑ Je suis grand(e) de taille	Il ne faut pas que je gêne les autres.	devant	derrière ou sur le côté
❑ Je suis plutôt concentré(e).	Je peux aider un(e) élève moins concentré(e).		
❑ J'ai des facilités.	Je peux aider un(e) élève qui a plus de mal.		
❑ Je suis plutôt silencieux/silencieuse.	Cela peut calmer un(e) élève bavard(e).		
❑ Je suis plutôt calme.	Cela peut calmer un(e) élève agité(e).		
❑ Je suis responsable de ...	Il faut que je sois ...		
❑ ...			

Comment se situer, se déplacer dans l'école ?

p. 14-15

La connaissance de l'espace scolaire et la position géographique d'une classe dans l'école impactent les déplacements au sein de l'établissement, les relations des élèves avec le reste de l'établissement et les procédures d'évacuation en cas de danger.

A Identifier les lieux connus ou moins connus de l'école — 10 min

L'activité est l'occasion, pour les élèves, d'identifier des lieux qu'ils ou elles connaissent mal dans l'école.

Matériel : activité A du carnet élève.

1. Introduction en groupe classe : lire le titre de l'activité (Est-ce que je connais toute mon école ?).

2. Activité individuelle : colorier les lieux identifiés.

3. Correction en groupe classe : identifier les lieux que les élèves ne connaissent pas ou mal.

4. Activité individuelle : compléter dans le carnet.

PROLONGEMENT : procéder à une visite des lieux méconnus.

B Situer et caractériser la position géographique de la classe dans l'école et ses conséquences — 10 min

La localisation de la classe dans l'école impacte les relations des élèves avec les autres classes : l'activité leur permet d'en prendre conscience.

Matériel : activité B du carnet élève.

1. Introduction en groupe classe : lire le titre de l'activité (Où est ma classe dans l'école ?), puis lancer l'activité.

2. Activité individuelle : entourer les bonnes réponses.

3. Correction en groupe classe.

4. Débat en groupe classe : identifier les conséquences que la localisation de la classe peut avoir sur la vie de classe, par exemple des avantages (on va plus vite en récréation), des inconvénients (on est isolé par rapport aux autres), une influence sur l'emploi du temps (la salle informatique est tellement éloignée que l'on n'y va jamais)...

PROLONGEMENT : constituer des groupes pour réfléchir sur la manière de minimiser les conséquences négatives de la localisation de la classe.

C Identifier les trajets et les règles à suivre en cas d'évacuation — 25 min

L'activité est l'occasion de faire le point sur les règles d'évacuation en cas de danger. Il ne s'agit pas d'inquiéter les élèves mais de leur apprendre à se tenir prêts en cas d'urgence.

Matériel : activité C du carnet élève.

1. Introduction en groupe classe : lire le titre de l'activité (Quelles sont les règles à respecter en cas d'évacuation ?), puis lancer l'activité.

2. Activité en groupe classe : identifier les situations nécessitant une évacuation de la classe ou de l'école (incendie, fuite de gaz, alerte à la bombe... dans l'école ou dans le quartier).

3. Activité en groupe classe : identifier l'élément qui sert à alerter (la sirène, qui diffère de la sonnerie de l'école).

4. Activité en groupe classe : connaitre le lieu d'évacuation de la classe (le point de regroupement, indiqué sur le plan d'évacuation affiché dans la classe).

5. Activité en groupe classe : découvrir le trajet à suivre ; pour cela, lire et comprendre le plan d'évacuation de l'étage, faire le lien avec le déplacement concret et parcourir mentalement le trajet jusqu'au point de rassemblement.

6. Activité en groupe classe : intégrer la nécessité d'un strict respect du trajet, étudié et identifié comme le meilleur, pour la classe et pour ne pas gêner l'évacuation d'autres classes ; le suivre permet d'éviter de se tromper, au risque de se retrouver coincé, et aide les enseignant(e)s et les pompiers à savoir avec certitude où se trouve chacun, sans avoir à retourner en arrière (danger).

7. Activité en groupe classe : connaitre les règles de l'évacuation, *à savoir rester calme, ne pas crier* (pour entendre les consignes et ne pas effrayer les autres classes), *ne pas courir* (risque de bousculade), *obéir strictement aux consignes, ne prendre aucune initiative* (risque d'erreur), *ne pas s'aventurer dans un hypothétique raccourci* (l'accès peut être fermé, on ne sait pas où les élèves se trouvent...), *laisser ses affaires en classe* (pour ne pas perdre de temps) et, en quittant la classe, *fermer la fenêtre et la porte* (en cas d'incendie, un courant d'air attise les flammes) ; bien sûr, on ne cherche pas à sortir le dernier pour vérifier que tous les élèves sont sortis (ne pas prendre d'initiative), sauf si l'enseignant(e) le demande.

PROLONGEMENT : effectuer le trajet ; repérer les panneaux qui indiquent les issues de secours ; connaitre le numéro d'urgence (le 112, valable dans toute l'Union européenne, où un standard oriente les appels entre les urgences médicales du Samu, les infractions pour la police et les périls gérés par les pompiers). Puis établir une fiche d'évacuation de la classe (fiche 5 page 20 de ce guide, à photocopier).

Fiche 5

Évacuer la classe en cas d'urgence Nom : ______________________

En cas d'alerte...

Notre classe doit aller ______________________

Notre itinéraire

Je reconnais...

Les issues de secours 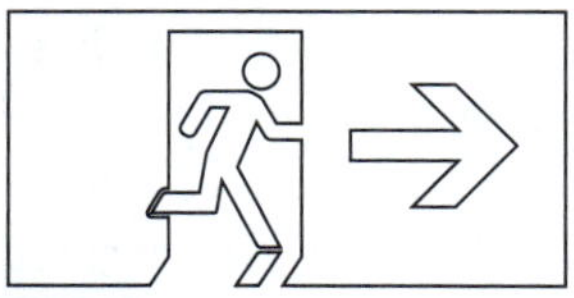 Le point de rassemblement

Je respecte les règles dès l'alerte

J'arrête ce que je suis en train de faire.

Je fais silence pour ______________________

Mes affaires : ______________________

Je reste calme parce que ______________________

En sortant, on ferme ______________________

Je respecte les règles pendant l'évacuation

Je reste tout le temps avec ______________________

Je ne change pas de ______________________

Je respecte les règles quand je suis arrivé/arrivée

Je reste attentif/attentive aux nouvelles consignes.

Je continue de rester avec le groupe, je ne pars pas, je ne reviens pas en arrière.

Pourquoi y a-t-il des règles dans la classe ?

p. 16-17

L'étude de la règle, de la loi, sous toutes ses formes, fonde l'éducation à la citoyenneté, base de l'apprentissage du respect mutuel, du vivre ensemble et de l'assimilation du sens des responsabilités. Elle prépare les élèves à leur futur rôle d'adultes et de citoyen(ne)s.

Les règles sont créées par la communauté, au carrefour entre les aspirations individuelles et la volonté collective. Dans le contexte scolaire, enseignant(e)s, parents et élèves sont invités à lire le règlement intérieur, élément crucial de la construction de la relation à la loi.

Établir cette relation à la loi requiert de connaitre trois aspects essentiels de la règle. D'une part, les règles ne sont pas uniquement restrictives (interdictions) mais peuvent aussi poser des obligations. D'autre part, elles ne sont pas promulguées par quelques individus pour leur bénéfice propre, mais sont déterminées collectivement pour le bien-être général (les lois sont votées par les représentants élus pour cette tâche ; les enseignant(e)s et les représentant(e)s des parents d'élèves ; par les classes concernées). Enfin, dans notre société, les règles s'appliquent à tous (égalité...).

A Identifier les règles de l'école ayant une incidence sur la classe — 15 min

L'activité est l'occasion de revoir les règles de l'école et de comprendre qu'elles impactent celles de la classe par leur primauté.

Matériel : activité A du carnet élève.

1. Introduction en groupe classe : lire le titre de l'activité (Quelles sont les principales règles dans l'école ?), puis lancer l'activité.

2. Activité individuelle : identifier les horaires de l'école, les obligations en termes de tenue, les interdictions (chewing-gum, consoles de jeux, sécurité...), les règles de comportement (respect, politesse...).

3. Activité individuelle : compléter le schéma sur la hiérarchie des règles.

les règles de la classe → *doivent respecter* → les règles de l'école → *doivent respecter* → les règles de l'Éducation nationale

4. Correction en groupe classe.

PROLONGEMENT : s'interroger sur qui décide des règles de l'école (l'ensemble de la communauté éducative de l'établissement), dans quels buts (sécurité, bien-être des élèves, protection des conditions d'apprentissage), et qui doit respecter ces règles (tout le monde, y compris les enseignant(e)s, la directrice, le reste du personnel, les parents...).

B Constater que les règles de la classe peuvent changer — 10 min

Les élèves pensent parfois que les règles sont immuables et décidées en haut lieu. L'activité leur permet de prendre conscience d'une certaine souplesse (les règles évoluent, elles ne sont pas les mêmes d'une classe à l'autre) selon les choix de l'enseignant(e).

Matériel : activité B du carnet élève.

1. Introduction en groupe classe : lire le titre de l'activité (Les règles de la classe sont-elles toujours les mêmes ?), puis lancer l'activité.

2. Activité individuelle : identifier des règles spécifiques à la classe (se déplacer ou pas, droit d'aller jeter ses papiers, de demander de l'aide au voisin à voix basse...).

3. Activité individuelle : s'interroger sur les éléments qui prévalent au choix des règles dans la classe.

4. Correction en groupe classe : les règles de la classe doivent obéir à celles de l'école et de l'Éducation nationale, aux contraintes de sécurité et, selon la classe, aux contraintes liées à la salle de classe ; elles répondent aux choix posés par l'enseignant(e) pour la mise en œuvre de sa pédagogie, peuvent changer selon le projet de classe, évoluer suivant le comportement et certains souhaits des élèves ; en revanche, ni le directeur ou la directrice ni les autres enseignant(e)s n'ont voix au chapitre en ce qui concerne le fonctionnement de la classe (sauf si la classe dérange les classes voisines).

C Comprendre l'intérêt de la règle demandant qu'on lève la main pour prendre la parole — 10 min

L'activité fait découvrir comment et pour quelles raisons une règle est décidée : elle n'est pas « le fait du prince ».

Matériel : activité C du carnet élève.

1. Introduction en groupe classe : lire le titre de l'activité (Pourquoi doit-on lever la main pour demander la parole ?), créer les groupes et lancer l'activité.

2. Activité en petits groupes : s'interroger sur le fait de lever la main pour prendre la parole et chercher des alternatives. S'auto-évaluer selon « Quelques règles pour le travail oral en groupe », page 13.

3. Retour en groupe classe : l'échange permet de comprendre la source de cette règle (généralement posée par l'enseignant(e)), ses motifs (permettre à l'enseignant(e) de savoir qui veut prendre la parole : sans cette règle, tout le monde parle en même temps et on ne s'entend plus). Cette règle défend le droit de chaque élève à demander la parole, sinon c'est le ou la plus rapide qui parle toujours. Des alternatives existent pour indiquer que l'on veut parler (se lever, poser un panonceau devant soi, s'inscrire sur une liste de tour de parole...), finalement moins pratiques (on se cache la vue, on doit aller et venir, on perd du temps...).

4. Conclusion : constater que la règle du doigt levé, qui pouvait sembler arbitraire, est la plus pratique, raison pour laquelle elle est adoptée dans la quasi-totalité des classes. Les élèves intègrent ainsi que les règles de la classe ne sont pas faites pour les embêter mais pour défendre leurs droits : droit d'être respectés, d'être en sécurité, de se sentir bien pour travailler sereinement.

D Comprendre que les règles servent à défendre des droits

15 min

L'activité permet aux élèves d'identifier que les règles de la classe ont toujours pour seul but de défendre leurs droits.

Matériel : activité D du carnet élève.

1. Introduction en groupe classe : lire le titre de l'activité (Est-ce que je comprends bien les règles de la classe ?), puis mettre les élèves en activité en groupes et lancer l'activité.

2. Activité en petits groupes : identifier différents types de règles (qui interdisent, qui autorisent, qui protègent les droits fondamentaux). S'auto-évaluer selon « Quelques règles pour le travail oral en groupe », page 13.

3. Correction en groupe classe :
– exemples de règles qui interdisent : parler sans en avoir reçu l'autorisation, faire du bruit...
– exemples de règles qui autorisent : demander la parole pour répondre, se lever pour jeter un papier...
– exemples de règles qui protègent notre droit à apprendre : règles sur le silence, le calme...
– exemples de règles qui protègent notre droit à être bien en classe : les interdictions des moqueries, le silence pendant le travail individuel...
– exemples de règles qui protègent notre sécurité : ne pas se balancer sur sa chaise, ne pas laisser les cartables dans l'allée...

PROLONGEMENT : créer une fiche ou une affiche avec les règles de la classe, leur objectif (le droit qu'il s'agit de protéger) et leur type (j'ai le droit de, je n'ai pas le droit de, j'ai l'obligation de), voire les sanctions afférentes (tableau ci-dessous).

Les règles de la classe : exemple de tableau

Mes droits : j'ai le droit...	Mes devoirs : je dois...	Mes engagements : je m'engage à...	Les sanctions prévues : si je n'ai pas respecté...
• de travailler dans le calme	• contribuer au calme dans la classe	• entrer calmement dans la classe • éviter de bavarder, de faire du bruit ou de rire dans la classe	• je me calme dans le couloir • je m'isole pour me calmer
• d'être respecté	• respecter les autres	• ne pas insulter les autres	• je présente des excuses
	• respecter le maitre	• parler poliment au maitre et faire ce qu'il demande	• mes parents sont convoqués
• de prendre la parole, de poser une question, de dire ce que je sais	• écouter sans couper la parole	• lever la main pour demander la parole • me taire quand quelqu'un d'autre parle	• je n'ai plus le droit de prendre la parole pendant 30 minutes
• de me déplacer dans la classe après en avoir reçu l'autorisation	• me déplacer en silence	• demander la permission de me lever	• je n'ai plus le droit de me déplacer jusqu'à la récréation
• d'emprunter le matériel de la classe	• respecter le matériel de la classe	• ne pas salir, ne pas abimer ma table ni les affaires de l'école	• je nettoie, je répare ou je remplace
		• remettre le matériel à sa place	• je n'ai plus le droit de prendre du matériel
• de travailler dans une classe propre et rangée	• éviter de salir	• mettre les saletés à la poubelle	• je nettoie

Comment créer une nouvelle règle pour la classe ?

p. 18-19

Nul ne vit dans un monde exempt de règles, de normes, de principes ou de valeurs. De même, personne ne peut élaborer la loi par lui-même, en dehors de toute référence culturelle ou éthique : les règles de la vie en société, celles de la classe et de l'école ne surgissent pas spontanément de l'esprit des élèves. L'acceptation ou le rejet de certains comportements dépendent des conceptions du vivre ensemble propres à chaque institution.

Tout travail sur les chartes ou les règles de vie doit se situer dans un cadre déterminé par les lois et les règlements propres à l'institution scolaire. Ce cadre est ancré dans les valeurs qui régissent notre école : la protection, la sauvegarde, la responsabilité, la liberté et l'égalité. Tout travail sur les règles de vie doit distinguer ce qui s'impose au nom de principes et de valeurs et ce qui peut être soumis à discussion et éventuellement à évolution.

L'activité offre l'opportunité de réfléchir à l'évolution possible des règles de la classe et de mettre en pratique son statut de citoyen ou citoyenne responsable : exprimer son opinion, participer à l'élaboration du vivre ensemble, débattre, voter...

A Identifier les éventuels droits insuffisamment respectés dans la classe — 15 min

Par petits groupes, les élèves choisissent un droit qu'ils voudraient voir davantage respecté en classe (sécurité, bien-être pour pouvoir travailler, respect des valeurs fondamentales comme l'égalité, le respect...).

Matériel : activité A du carnet élève.

1. Introduction en groupe classe : lire le titre de l'activité (Quel droit je voudrais que l'on respecte davantage dans la classe ?), créer les groupes et lancer l'activité.

2. Activité en petits groupes : cet échange en petits groupes est l'occasion d'apprendre à débattre et à faire des compromis. Chaque groupe identifie un droit qu'il veut voir davantage respecté (droit de répondre aux questions chacun son tour, de travailler dans le calme, de se tromper, de circuler sans tomber à cause des sacs) puis se prépare à le présenter au reste de la classe. Attention, il ne s'agit pas, à ce stade, d'élaborer une solution.

S'auto-évaluer selon « Quelques règles pour le travail oral en groupe », page 13.

3. Retour en groupe classe : présenter les droits choisis et débattre en groupe classe pour choisir le ou les droits que la classe souhaite défendre.

Garder la trace des droits choisis pour l'activité C.

B Comprendre comment créer ou modifier une règle pour la classe — 10 min

L'activité permet de comprendre que l'on peut décider de modifier des règles en classe, dans le strict respect de certaines modalités.

Matériel : activité B p. 19 du carnet élève.

1. Introduction en groupe classe : lire le titre de l'activité (Comment créer ou modifier une règle de la vie en classe ?), puis lancer l'activité.

2. Activité individuelle : cocher les réponses qui semblent justes.

3. Correction en groupe classe : pour créer ou modifier une règle...

- ☐ on ne demande pas discrètement au maitre ou à la maitresse car cela concerne toute la classe ;
- ☐ il n'est pas bon de décider de ne rien changer par principe, la vie en collectivité est une perpétuelle évolution et peut sans cesse être améliorée ;
- ☑ on peut utilement organiser un débat et un vote ;
- ☑ l'existence d'une boite à idées permet à chacun de s'exprimer librement ;
- ☐ on peut faire part de ses idées à ses amis et amies, mais on ne les envoie pas demander eux-mêmes un changement au maitre ou à la maitresse : chacun assume ses souhaits et prend des initiatives pour améliorer la vie de classe.

4. Conclusion : changer une règle, c'est comme changer la loi : cela ne se fait pas sur un coup de tête. Il faut bien réfléchir ensemble à ce que l'on fait.

C Mettre en œuvre le processus pour créer une nouvelle règle pour la classe — 30 min

L'activité est l'occasion de comprendre mais aussi de pratiquer la création de règles, le débat et le vote.

Matériel : activité C du carnet élève.

1. Introduction en groupe classe : lire le titre de l'activité (Quelles règles permettraient de mieux faire respecter nos droits ?), puis lancer le travail en petits groupes.

2. Choix en petits groupes : choisir, parmi les droits votés lors de l'activité A, un droit à défendre (attention, si un droit proposé par un groupe n'a pas été retenu, le groupe ne peut pas travailler dessus : c'est le principe de la démocratie que de respecter le souhait du plus grand nombre).

3. Choix en petits groupes : réfléchir à l'existence d'une règle qui défend déjà ce droit et en quoi elle serait insuffisamment efficace (puisque la classe veut mieux défendre ce droit) ; s'interroger sur la manière d'améliorer la règle (la préciser, la reformuler, modifier la sanction…) ou la nécessité d'en créer une nouvelle ; puis élaborer cette évolution ou cette nouvelle règle. Ensuite, préparer la présentation à la classe. Attention, avant de faire sa proposition à la classe, le groupe vérifie que ce qu'il propose défend bien un droit des élèves (les droits fondamentaux, la sécurité, le bien-être pour apprendre…). L'enseignant(e) circule dans la classe pour aider chaque groupe à s'organiser.

4. Retour en groupe classe : chaque groupe propose sa règle ; la classe écoute avec bienveillance et, dans un premier temps, pose des questions pour obtenir des précisions.

5. Débat et vote en groupe classe : le débat peut être court et le vote simple (à main levée). On peut aussi profiter de cette occasion pour mettre en place une véritable expérience démocratique de vote (modalités ci-dessous et fiche 6 page 25 de ce guide, à photocopier).

– L'enseignant(e) fixe les modalités du choix à faire : on peut modifier une règle (il faut choisir), plusieurs règles (on vote pour chaque règle). Dans tous les cas, il ou elle respecte strictement les principes démocratiques (il ou elle peut donner son avis et voter comme « simple citoyen(ne) », selon le principe « une personne, une voix », mais pas imposer son choix : il ou elle peut aussi jouer le rôle d'arbitre, sans donner son avis ni voter). Mais il ou elle s'oppose à toute règle qui ne respecte pas celles de l'école, celles de l'Éducation nationale ou les droits des élèves (sécurité, droit de travailler dans de bonnes conditions, égalité entre tous…), un peu comme le Conseil constitutionnel, qui vérifie la conformité des lois à la Constitution et aux principes qui prévalent.

– Chaque règle est reprise et débattue par la classe dans un temps donné (on soutient ou on critique de manière bienveillante, en argumentant et en apportant des idées nouvelles).

– Dans le cas du changement possible de plusieurs règles, on vote sur chaque règle (pour, contre, abstention) et les règles qui ont obtenu la majorité sont adoptées.

– Dans le cas du changement d'une seule règle, on procède à un vote à deux tours pour choisir la règle que l'on préfère modifier. Lors du premier tour, on désigne la règle que l'on souhaite. Lors du second tour, on conserve les deux règles ayant obtenu le plus de voix et on procède à un choix entre les deux.

6. Conclusion : la ou les règles adoptées par le vote sont désormais les règles de la classe. Tout le monde doit la ou les respecter, même celles et ceux qui n'ont pas voté pour. Bien entendu, à tout moment, si la classe estime que la règle ne défend pas suffisamment ses droits, les élèves peuvent proposer de la modifier à nouveau (c'est le principe du travail parlementaire, qui remet sans arrêt sur le métier les lois à « retisser »).

PROLONGEMENT :

- tester la ou les règles pendant un temps, puis faire le point pour voir si elles fonctionnent ou s'il faut les améliorer ;
- réfléchir à la place de la sanction et à celle à adopter pour sanctionner ceux qui ne respectent pas la règle ;
- retenir les étapes d'un vote (fiche 7 page 26 de ce guide, à photocopier).

LA LISTE ÉLECTORALE

1. Utiliser une liste d'élèves dans l'ordre alphabétique, ajouter des colonnes pour la date et la signature au moment du vote.

2. Comme dans les bureaux de vote, utiliser une règle pour délimiter la signature et éviter que les élèves signent à côté.

3. Avant le premier vote, vérifier solennellement que tout le monde est « inscrit » sur la liste électorale.

LA FICHE DE DÉPOUILLEMENT

1. Écrire sur une feuille les différents choix proposés au vote (une ligne par candidat ou par choix proposé).

2. Prévoir plusieurs fiches pour pouvoir comparer les résultats.

3. Au fur et à mesure des annonces de vote, noter pour compter :

– en traçant un bâton pour chaque voix

– en traçant chaque cinquième bâton en biais pour barrer les précédents (I II III IIII ~~IIII~~) : cela facilite le décompte ensuite (on compte de 5 en 5)

– en traçant les bâtons pour former un carré (I L ⊔ □), que l'on barre au cinquième bâton (⊠) : cela limite les erreurs, possibles avec la méthode précédente.

LES BULLETINS DE VOTE

- Il convient de prévoir autant de bulletins différents que de choix proposés (par exemple, trois candidats = 3 bulletins, quatre choix = quatre bulletins, un référendum = un bulletin « oui » et un bulletin « non »).
- En l'absence d'enveloppes permettant de dissimuler un vote blanc, il convient de proposer un bulletin neutre (sans d'opinion) pour permettre aux élèves de voter « blanc » en toute discrétion.
- Photocopier la planche de bulletins en autant d'exemplaires que d'élèves, de façon que chacun ait le choix entre tous les bulletins. Prévoir quelques bulletins en plus (bulletins perdus, abimés…).

UNE URNE POUR LE VOTE

- Idéalement, l'urne est solide, pour résister au temps, et transparente, pour que les votes soient contrôlés. Mais cet idéal est difficile à atteindre en classe.
- **Pour un vote unique**, utiliser un carton de mouchoirs jetables, qui possède déjà une ouverture sur le dessus.
Pour le dépouillement, déchirer la boite et récupérer les bulletins.
- **Pour plusieurs votes** dans l'année, fabriquer (collectivement ?) une urne solide à partir d'un carton à recycler.
Prévoir une petite boite (peu de bulletins et plus facile à entreposer).
Créer une ouverture sur le dessus pour y glisser les bulletins, une autre sur le dessous pour les récupérer au moment du dépouillement.
Éventuellement, consolider en recouvrant d'une feuille de plastique autocollante.
« Sceller » solennellement le dessous de l'urne avant le début du vote, de façon à garantir la sincérité du vote (impossible de tricher en ajoutant ou retirant un bulletin en cours de route).
- Ouvrir solennellement l'urne au moment du dépouillement.

Fiche 6 : la carte d'électeur/d'électrice

– Éventuellement, ajouter le logo de l'école, préremplir le nom de l'école, la classe et l'année scolaire.

– Photocopier sur du papier cartonné.

– Distribuer en expliquant l'importance de la carte électorale : elle permet d'identifier les électeurs et les électrices, de retrouver leur nom sur la liste électorale (grâce à un numéro, car cette liste contient parfois des milliers de noms pas toujours en ordre alphabétique).

– Expliquer la phrase : « Voter est un droit mais aussi un devoir civique ».

– Présenter les informations demandées pour identifier la personne (nom et prénom, mais aussi date et lieu de naissance, car il peut exister des homonymes).

– Justifier la signature : celle de l'électeur pour vérifier son identité au moment où il vote et signe le registre, celle d'une autorité (ici, l'enseignant(e), pour confirmer la valeur de la carte).

– Personnaliser : compléter les informations.

– Éventuellement, colorier aux couleurs de l'école.

École : ____________________

Classe : ____________________

Année scolaire : ____________________

CARTE D'ÉLECTEUR OU D'ÉLECTRICE

Voter est un droit mais aussi un devoir civique

Nom : ____________________

Prénom : ____________________

Date de naissance : ____________________

Lieu de naissance : ____________________

Signature de l'élève   Signature de l'enseignant(e)

Fiche 7

Mémo : les étapes de mon vote

Avant le vote

1. Je m'inscris sur les listes « électorales ».

2. Si ce sont des élections et que j'en ai envie,
je me déclare comme candidat/candidate.

3. Je participe à la campagne :
• si je suis candidat/candidate : je propose un programme,
je réponds aux questions et je défends mes idées ;
• si je ne suis pas candidat/candidate :
j'écoute les propositions et les programmes,
je pose des questions, je participe au débat,
je donne mon avis avec des arguments et des idées.

4. Je fais mon choix librement :
• je cherche quel candidat/quelle candidate me semble
le ou la meilleure, quelle proposition me semble la plus adaptée,
pour moi et pour la classe ;
• je vérifie que je fais ce choix pour mes idées
et pas parce que je suis de l'avis du dernier/de la dernière qui parle,
de celui/de celle qui parle le mieux, de mon copain/ma copine, pour lui faire plaisir.

Vote à un tour

5. Le jour du vote, je vais au bureau de vote avec ma carte d'électeur/électrice.

6. Sur la table, je prends les différents bulletins de vote
pour ne pas indiquer publiquement mon choix.

7. Je vais dans l'isoloir pour faire mon choix à l'abri des regards.
Je choisis le bulletin qui correspond à mon choix
et je vérifie que je ne me suis pas trompé(e).
Je le plie en 4 pour que personne ne voie mon choix.
Je jette les autres bulletins dans la corbeille.

8. Quand c'est mon tour, je mets mon bulletin dans l'urne.

9. Je signe le registre pour prouver que j'ai voté et pour ne pas voter une seconde fois.

10. Quand le vote est terminé, je participe au dépouillement.
Un(e) élève déplie les bulletins un à un sous le regard d'un ou une autre élève.
Il ou elle annonce le choix et l'autre élève vérifie.
Plusieurs personnes notent le décompte pour que l'on puisse comparer les résultats.
En cas de doute, on recommence.

11. Proclamer les résultats : le ou les vainqueurs, la solution choisie.

Vote à deux tours

12. À l'issue de l'étape 11, sélectionner les deux meilleurs résultats.

13. Recommencer les étapes 3 à 11.

14. Il ne reste qu'une personne ou une seule solution :
elle est élue ou adoptée.

Peut-on modifier l'emploi du temps ?

p. 20-21

L'emploi du temps, élément central du fonctionnement de la classe, structure la journée, rythme les activités, assure l'équilibre entre les matières et garantit un programme d'études équilibré et complet. Il permet aux élèves de développer leur capacité de gestion du temps et d'apprendre à anticiper les activités. Élaboré par l'enseignant(e) avant la rentrée, il prend en compte les directives nationales, les besoins des élèves et l'équilibre entre les matières, les disponibilités des enseignant(e)s et des équipements. Les élèves peuvent le percevoir comme un choix arbitraire et se montrer critiques à son égard. L'activité vise à leur faire prendre conscience des contraintes qui régissent sa conception, des multiples arbitrages à prendre en compte et de la complexité de la tâche.

A Identifier et comprendre l'emploi du temps de la classe (révision) — 10 min

Les élèves commencent par coller dans le carnet une copie de l'emploi du temps de la classe.

Matériel : activité A du carnet élève, photocopie de l'emploi du temps de la classe. Le tableau ci-dessous est au format du carnet : compléter les horaires (première colonne), les activités, sans oublier les récréations et la pause méridienne. Ne rien écrire d'autre pour ne pas influencer l'activité.

1. Introduction en groupe classe : lire le titre de l'activité (Quel est l'emploi du temps de la classe ?) et annoncer l'activité.

2. Activité individuelle : coller la photocopie de l'emploi du temps dans le carnet (fiche 8 ci-dessous).

3. Retour en groupe classe : vérifier que tous les élèves maitrisent la lecture de l'emploi du temps et des tableaux à double entrée, et répondre aux éventuelles questions.

Fiche 8 : l'emploi du temps de la classe

	Lundi	Mardi	Mercredi	Jeudi	Vendredi
8 h 30					

B Comprendre les obligations fixées par les programmes scolaires — 10 min

L'activité montre que l'emploi du temps respecte les volumes horaires édictés par l'Éducation nationale.

Français	8 heures par semaine
Mathématiques	5 heures par semaine
Langues vivantes	1 h 30 heure par semaine
EPS + APQ	3 heures par semaine
Sciences et technologie	2 heures par semaine
Enseignements artistiques	2 heures par semaine
Histoire, géographie, EMC	2 h 30 heures par semaine
Total	24 heures par semaine

Matériel : activité B du carnet élève.

1. Introduction en groupe classe : lire le titre de l'activité (Quelles sont les obligations fixées par les programmes scolaires ?), puis écrire au tableau les volumes horaires correspondant à l'emploi du temps de la classe.

2. Activité individuelle : recopier les données dans la deuxième colonne du tableau du carnet puis, en fonction de ses gouts, donner son avis sur chaque volume horaire en coloriant le smiley correspondant.

3. Retour en groupe classe : sur la base du volontariat.

4. Conclusion : comprendre qu'avoir le droit de donner son avis n'implique pas d'imposer ses choix (en l'occurrence, ici, on ne peut pas modifier les volumes horaires).

C Identifier les contraintes dans l'emploi du temps et ce que l'on peut, ou pas, modifier

40 min

Comme pour la modification des règles de la classe, le travail sur l'emploi du temps est l'occasion d'un apprentissage des contraintes, d'une probable expérimentation de la frustration, d'une gestion de données multiples, d'un classement des priorités et d'une pratique de citoyenneté.

Matériel : activité C du carnet élève.

1. Introduction en groupe classe : lire le titre de l'activité (Pouvons-nous modifier l'emploi du temps de la classe ?), et lancer la première activité sur la primauté des règles.

2. Activité individuelle : compléter le schéma (déjà vu page 16 du carnet élève).

les règles de la classe → *doivent respecter* → les règles de l'école → *doivent respecter* → les règles de l'Éducation nationale

3. Correction en groupe classe : constituer des groupes de travail pour la suite.

4. Activité en petits groupes : identifier, parmi les items proposés, les contraintes à respecter pour modifier l'emploi du temps de la classe. S'auto-évaluer selon « Quelques règles pour le travail oral en groupe », page 13.

5. Correction en groupe classe : l'emploi du temps doit tenir compte de...

– la primauté des règles : les programmes scolaires, les horaires de l'école, que chaque classe ne peut pas modifier à sa guise, les temps de récréation et la pause de midi, qui en font partie ;

– les contraintes pratiques, comme les moments de présence des enseignant(e)s, la disponibilité des intervenant(e)s, les échanges de service entre professeur(e)s, la disponibilité des locaux, les horaires des activités à l'extérieur (la piscine, par exemple) ;

– des contraintes pédagogiques, comme les bons moments pour apprendre (on ne met généralement pas une importante leçon de français ou de math en début d'après-midi, juste après le déjeuner, qui est un temps moins actif pour les élèves).

En revanche, on ne tient pas compte des matières que les élèves n'aiment pas (les contraintes de l'Éducation nationale font force de loi) et des envies des parents (ce n'est pas leur affaire, sauf à le faire savoir lors des élections nationales pour que leurs représentant(e)s modifient les lois sur l'enseignement en France).

6. Activité en petits groupes : reprendre l'activité en petits groupes et cocher ce qui, dans l'emploi du temps, ne peut pas être modifié. S'auto-évaluer selon « Quelques règles pour le travail oral en groupe », page 13.

7. Correction en groupe classe : compte tenu des contraintes précédemment identifiées, à part changer l'ordre des activités, on ne peut ni supprimer une matière, ni changer les horaires des intervenant(e)s, ni augmenter le temps consacré à une matière, ni ajouter une matière qui ne serait pas au programme, ni modifier l'heure d'arrivée en classe, ni réduire la journée à l'école, ni changer les jours d'école, ni changer l'horaire de la piscine, ni réduire le temps consacré à une matière.

8. Conclusion : cela laisse très peu de latitude.

9. Activité en petits groupes : transcrire cela sur l'emploi du temps de la page 20 du carnet élève :

– barrer en rouge les heures où il ne peut pas y avoir cours : quand l'école est fermée, pendant l'heure du déjeuner...

– colorier en rouge les cours qui ne peuvent pas être modifiés à cause des contraintes des professeur(e)s, des intervenant(e)s, des salles disponibles...

– S'auto-évaluer selon « Quelques règles pour le travail oral en groupe », page 13.

10. Conclusion : comprendre que, dans l'emploi du temps de la classe, on ne peut modifier que ce qui n'est ni barré ni colorié.

11. Activité en petits groupes : discuter pour chercher à modifier ce que l'on souhaite, par exemple la répartition des matières dans la journée, dans la semaine, l'enchainement des activités, l'organisation d'une demi-journée... S'auto-évaluer selon « Quelques règles pour le travail oral en groupe », page 13.

12. Retour en groupe classe : proposer les modifications à la classe, écouter les propositions des autres et poser des questions.

PROLONGEMENT : comme dans l'activité sur le changement de règle pour la classe, la modification de l'emploi du temps peut être l'occasion d'une véritable expérience démocratique. On procède alors à un débat et à un vote (voir modalités et fiche 6 pages 24 et 25 de ce guide) :

• L'enseignant(e) veille à ce qu'on ne modifie pas ce qui ne peut pas l'être. Mais il ou elle peut ici donner son avis (lui ou elle aussi a des contraintes, des souhaits) et participer au vote.

• Chaque modification est présentée et débattue par la classe dans un temps donné.

• La classe commence par voter les différents changements, sans les adopter, car on ne peut modifier un horaire sans bouleverser tout l'emploi du temps.

• À l'issue de ce premier vote, la classe peut décider d'adopter quelques changements ou de nommer une commission qui va travailler à partir des changements espérés et faire une nouvelle suggestion d'emploi du temps.

• Celui-ci sera alors proposé au vote (oui, non, abstention) et adopté à la majorité.

Quelle est mon humeur du jour ?

p. 22-23

Les « compétences psychosociales » (CPS) représentent les aptitudes de l'individu à faire face aux exigences de la vie quotidienne, à s'engager dans la vie sociale et à s'intégrer dans la société. Ces capacités se regroupent en trois grandes catégories :

- les compétences cognitives, qui comprennent la connaissance de soi, l'attention portée à soi-même, l'esprit critique, la maitrise de soi et de ses impulsions, la capacité à résoudre des problèmes de manière constructive et à prendre des décisions responsables…
- les compétences émotionnelles, qui englobent la prise de conscience des émotions et du stress, l'expression et la régulation de ces émotions…
- les compétences interpersonnelles, qui comportent l'empathie, la communication, le développement des liens sociaux, la capacité à demander de l'aide, à dire non et à résoudre les conflits…

Le développement des compétences psychosociales est un facteur de bien-être, de santé, d'autonomie et d'amélioration des relations avec soi-même et avec les autres. Il contribue au développement d'attitudes positives envers l'école, à l'amélioration du climat de classe, à l'épanouissement des élèves et, par voie de conséquence, à la réussite scolaire.

Certains élèves de cycle 3 éprouvent encore des difficultés à identifier leurs ressentis et leurs émotions, sans parler de ceux des autres. Suivant les recommandations du ministère de l'Éducation nationale, *Mon carnet Vie de classe • Vie d'élève* consacre une large part aux CPS. Nous commençons ici par un travail sur l'humeur, qui propose une auto-observation puis incite au développement de l'empathie.

A Identifier son humeur du jour et ce qui l'a motivée — 10 min

L'activité consiste en une auto-observation de son humeur et en une analyse des raisons qui ont abouti à cette humeur, exercice encore inhabituel pour la plupart des élèves.

Matériel : activité A du carnet élève.

1. Introduction en groupe classe : lire le titre de l'activité (Quelle est mon humeur aujourd'hui ?), présenter l'activité en rappelant qu'il n'y a pas de bonnes ou de mauvaises réponses, qu'il s'agit de s'interroger sur soi-même. L'enseignant(e) incite les élèves à prendre le temps de réfléchir à chaque ligne, sans se précipiter.

2. Activité individuelle : les élèves colorient leur humeur (le carnet propose cinq smileys, très content, content, neutre, maussade, mécontent). Puis ils cherchent les raisons qui ont provoqué cette humeur : ils prennent le temps de s'interroger sur chaque item, de se demander s'ils se sont éveillés ainsi ou si un facteur extérieur est venu impacter leur humeur initiale (dans le bon ou le mauvais sens). Ils peuvent compléter avec d'autres idées.

3. Retour en groupe classe : sur la base du volontariat.

PROLONGEMENT : enchainer aussitôt avec l'activité B.

B Établir la « météo » de l'humeur de la classe — 10 min

L'activité permet d'établir une « météo » de l'état d'esprit de la classe, facteur essentiel de la qualité du vivre ensemble et des apprentissages.

Matériel : activité B du carnet élève.

1. Activité en groupe classe : lire le titre de l'activité (Quelle est la météo de la classe aujourd'hui ?), interroger les élèves à main levée sur leur smiley dans l'activité A et relever au tableau le nombre d'élèves correspondant à chaque smiley.

2. Activité individuelle : reporter les chiffres dans le carnet.

3. Activité en groupe classe : l'enseignant(e) partage avec la classe sa propre humeur de façon à faire comprendre que lui ou elle aussi a une humeur différente suivant les jours et que celle-ci influe sur l'ambiance de la classe et même la qualité des apprentissages, et inversement.

PROLONGEMENT : mettre en place une « météo quotidienne » de manière à s'interroger chaque jour sur son humeur, à connaitre celle des autres et de toute la classe.

LA MÉTÉO QUOTIDIENNE DE LA CLASSE

Cette météo prend la forme d'un affichage quotidien :

- Colorier les smileys individuels (fiche 9 page 30 de ce guide) suivant un code allant du vert pour le grand bien-être au rouge pour la très mauvaise humeur.
- Personnaliser pour en faire un avatar (dans la limite du carré tracé, pour les cheveux et accessoires), de façon à se rendre reconnaissable (cheveux, yeux, lunettes, grain de beauté…).
- Écrire son prénom ou son « blaze » dans le rectangle en dessous du smiley.
- Découper le carré ou la forme dessinée, plastifier et ajouter au dos une bande auto-agrripante.

– Créer une affiche, un tableau sur lequel accrocher chaque matin son smiley du jour. Possibilité de modifier son smiley au cours de la journée (météo instantanée).

Fiche 9 : mon avatar pour la météo du jour

Photocopier au moins à 200 %.

C Identifier les signes d'agacement chez les élèves **15 min**

Le développement des compétences psychosociales passe par la maitrise de la manifestation des émotions. C'est un apprentissage long, jamais achevé, qui prend tout son sens avant l'adolescence, période durant laquelle certaines émotions sont décuplées. La gestion des émotions passe d'abord par leur identification et la reconnaissance de leur manifestation.

Matériel : activité C du carnet élève.

1. Introduction en groupe classe : lire le titre de l'activité (Comment se traduit mon agacement ?), puis rappeler qu'il n'y a pas de bonnes ou de mauvaises réponses et que chacun doit procéder à une auto-observation pour identifier ses propres comportements.

2. Activité individuelle : identifier les signes d'agacement que l'on émet si quelqu'un nous dérange dans notre travail.

3. Activité en binômes : demander à sa voisine ou son voisin de compléter (il ou elle a pu observer des signes d'agacement dont l'élève n'a pas conscience).

4. Retour en groupe classe : sur la base du volontariat ; cela permet d'exprimer ses ressentis négatifs et d'apprendre au groupe à prendre en compte les signaux non verbaux.

5. Conclusion : apprendre à tenir compte de l'état d'esprit des autres pour les aider mais aussi aider toute la classe à mieux apprendre.

PROLONGEMENT : créer un chevalet personnalisé permettant à chacun(e) d'alerter sur son humeur (*merci de me laisser tranquille*, par exemple). Le chevalet se réalise sur une feuille A4 cartonnée pliée en 4 dans le sens de la largeur (modèle ci-contre) : écrire ou dessiner sur les deux parties jaunes (pour indiquer son état intérieur devant et derrière soi) puis coller l'une sur l'autre les deux parties blanches.

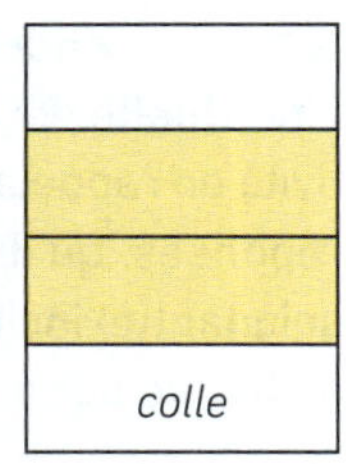

D Chercher comment améliorer son humeur **10 min**

Au cycle 3, les élèves se prennent progressivement « en main » et comprennent non seulement qu'ils doivent modérer les manifestations de leur mauvaise humeur, mais aussi qu'ils peuvent améliorer cette humeur, pour leur plus grand bénéfice personnel.

Matériel : activité D du carnet élève.

1. Introduction en groupe classe : lire le titre de l'activité (Comment améliorer notre humeur ?), puis rappeler qu'il faut répondre personnellement et sincèrement.

2. Activité individuelle : identifier ses souhaits personnels quand on est de mauvaise humeur. Certains préfèrent qu'on les laisse tranquilles, d'autres qu'on leur tende la main.

3. Retour en groupe classe : sur la base du volontariat, de manière à faire remonter les souhaits et à les prendre en compte.

4. Conclusion : comprendre qu'il n'est pas question de remettre en cause le droit d'être de mauvaise humeur, mais qu'il s'agit de ne pas la faire porter aux autres.

5. Activité individuelle : chercher individuellement ce que l'on peut faire soi-même pour améliorer son humeur : respirer, penser à quelque chose d'agréable, apprendre à voir les choses de manière positive, ce qui introduit la séquence suivante.

6. Retour en groupe classe : sur la base du volontariat.

Comment se montrer positif ?

p. 24-25

Adopter une attitude positive permet de développer l'optimisme et la résilience (capacité à surmonter l'adversité et à rebondir malgré les épreuves), de mieux gérer le stress, de réduire l'anxiété, développe l'estime de soi et améliore les relations interpersonnelles, toutes choses ayant des effets indéniablement positifs sur les apprentissages.

Ⓐ Comprendre l'importance de se montrer positif/positive — 5 min

L'activité invite les élèves à une auto-observation préalable.

Matériel : activité A du carnet élève.

1. Introduction en groupe classe : lire le titre de l'activité (Pourquoi est-ce important d'être positif ?), puis rappeler qu'il n'y a pas de mauvaises réponses et que le plus important est d'être sincère avec soi-même.

2. Activité individuelle : identifier et colorier le ressenti quand on se sent positif. La plupart des élèves devraient répondre : j'ai envie de faire plein de choses, c'est très agréable, je me sens pousser des ailes, tout me semble facile, je travaille mieux, j'apprends plus facilement, je vis mieux. Mais certains peuvent avoir le sentiment qu'ils ou elles travaillent ou apprennent moins bien car trop excité(e)s, trop dynamiques pour se concentrer. Aucun(e) élève ne devrait répondre : j'ai envie de dormir, c'est très pénible, tout me semble difficile.

3. Retour en groupe classe : sur la base du volontariat.

4. Conclusion : être positif est agréable, on se sent mieux, on est plus sûr de soi, on réussit mieux.

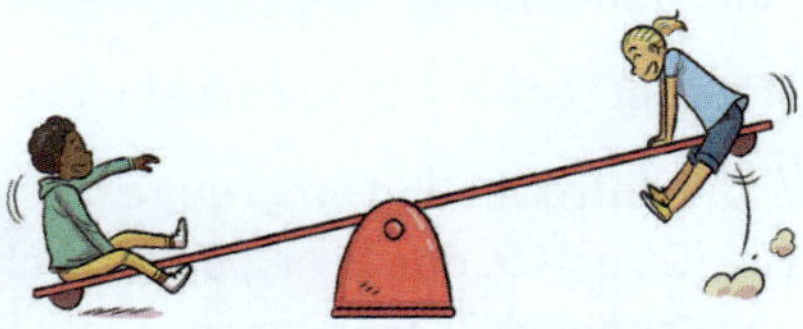

Ⓑ Identifier la manière de chercher du positif dans toute situation — 15 min

L'activité apprend aux élèves le principe de la « balançoire » : suivant l'adage qui affirme qu'« à quelque chose, malheur est bon », on parvient, avec un effort, à identifier une contrepartie, voire un avantage, à chaque situation négative.

Matériel : activité B du carnet élève.

1. Introduction en groupe classe : lire le titre de l'activité (Comment jouer à la balance avec mon humeur ?), puis lancer l'activité.

2. Activité en binômes : identifier des situations que l'on n'apprécie pas (*du bruit dans la classe, une dictée, hériter des habits de son grand frère, partager son lit avec un frère ou une sœur, vivre à l'hôtel, être séparé de l'un de ses parents…*) puis chercher la contrepartie positive (*avoir la chance de ne pas être seul(e), d'aller à l'école et d'apprendre, d'avoir des vêtements, un lit, un toit au-dessus de sa tête, vivre avec un de ses parents au lieu d'aucun…*).

3. Retour en groupe classe : sur la base du volontariat.

4. Conclusion : comparer l'humeur à une balançoire et comprendre que, lorsqu'on est en bas, il suffit de se relancer avec les pieds pour remonter.

PROLONGEMENT : adopter cette balançoire intérieure.

Ⓒ Apprendre et pratiquer le principe du « verre à moitié plein » — 15 min

L'optimisme est une façon de regarder le monde, de l'appréhender et d'interagir avec lui. La métaphore du verre à moitié plein ou à moitié vide exprime les deux interprétations possibles d'une même situation : une perspective optimiste (le verre est à moitié plein) et une perspective pessimiste (le verre est à moitié vide).

Matériel : activité C du carnet élève.

1. Introduction en groupe classe : lire le titre de l'activité (Comment remplir le verre à moitié vide ?), puis laisser les élèves découvrir la fiche.

2. Activité individuelle : observer l'image et entourer ce que l'on voit.

3. Correction en groupe classe : « à moitié vide » et « à moitié plein ». Les élèves ont entouré l'une, l'autre ou les deux, suivant leur ressenti (dans la réalité, le verre est en même temps à moitié vide et à moitié plein, car 1 moitié + 1 moitié = 1 entier).

4. Activité individuelle : compléter individuellement ou en demandant l'aide de l'enseignant(e).

5. Retour en groupe classe : partager ses réponses (par exemple, *je n'ai pas de console de jeux, de chambre individuelle, de vêtements à la mode, de chien, je n'aime pas mes habits, ma maison, ma place dans la classe, je ne pars jamais en vacances, je ne déjeune jamais à la maison…/mais j'ai des livres, des vêtements, une famille, une maison, une place dans la classe, j'ai des congés, je déjeune à la cantine…*).

6. Conclusion : comprendre que tout est une question de point de vue et plus on se focalise sur ce que l'on n'a pas, ce qui ne va pas, moins on est heureux (même un milliardaire peut passer sa journée à dire : je n'ai pas de jet privé, je n'en ai qu'un, je n'en ai que deux…).

PROLONGEMENT : prendre l'habitude d'établir une liste mentale de ce qui va bien (j'ai un toit au-dessus de ma tête, un lit où dormir, de quoi manger, une école où apprendre…) plutôt que ruminer sur ce que l'on n'a pas ou n'aime pas. À la longue, cet exercice rend positif, optimiste et la vie est plus agréable.

D Identifier ce que l'on peut changer en matière d'humeur et agir dans ce sens

15 min

L'activité propose de travailler sur cette distinction entre ce qu'il faut accepter et ce qu'il faut prendre à bras-le-corps pour le changer. Elle insiste ici sur le fait que, dans les interactions conflictuelles, on a rarement de levier d'action pour changer l'autre, et que l'on peut beaucoup plus facilement agir sur soi-même, en augmentant son seuil de tolérance et en développant sa bienveillance.

Attention cependant, améliorer son humeur et se montrer plus tolérant(e) ne signifie pas que tout va bien (optimisme aveugle) ni qu'il faille tout accepter des autres : l'enseignant(e) le précisera notamment aux élèves trop conciliant(e)s.

Matériel : activité D du carnet élève.

1. Introduction en groupe classe : lire le titre de l'activité (Qu'est-ce que je ne peux pas changer, qu'est-ce que je peux changer ?), puis lancer l'activité.

2. Activité individuelle : répondre spontanément, choisir les items que l'on souhaite. Puis découvrir les deux parties de la phrase (je n'aime pas/les élèves font du bruit) et comprendre ce sur quoi on peut agir (tout ce qui « me » concerne).

3. Retour en groupe classe : sur la base du volontariat. Mettre en valeur le fait qu'à chaque fois, on ne peut pas agir sur la situation (il pleut) ou l'attitude de l'autre (elle fait du bruit) mais on peut toujours modifier son propre regard sur la situation.

4. Conclusion : accepter ce que l'on ne peut pas changer et améliorer ce qui peut l'être.

PROLONGEMENT : travailler sur la légende indienne des deux loups (ci-dessous). Expliciter le vocabulaire. Comprendre l'histoire : le loup qui gagnera est celui qui aura à manger. Comprendre la métaphore : on a tous en nous des sentiments positifs et d'autres négatifs ; si l'on « nourrit » les sentiments négatifs, on devient hargneux, arrogant, méchant, coléreux, alors que si l'on « nourrit » les sentiments positifs, on devient bon, paisible, généreux, heureux…

LA LÉGENDE INDIENNE DES DEUX LOUPS

Un soir, un vieil Indien avoua à ses petits-enfants :

– Deux loups habitent dans mon cœur. Le premier est en colère, méchant, arrogant. Il vit dans le chagrin, le regret, la jalousie et le ressentiment. Il enrage sans cesse contre n'importe qui et se bat contre tout le monde. Au contraire, le second est paisible, bon, heureux, tranquille, bienveillant et sincère. Il ne cause de tort à personne et vit en harmonie avec ceux qui l'entourent. Ces deux loups se livrent une bataille sans merci car chacun veut avoir le dessus.

Le vieil homme se tut. L'un de ses petits-enfants lui demanda alors :

– Grand-Père, lequel de ces deux loups va gagner ?

Le vieil Indien répondit :

– Celui que je nourris.

Comment est la vie dans notre classe ?

p. 26-27

La qualité de vie dans la classe tient aux conditions matérielles (organisation de la classe, confort, propreté…), au climat de la classe (dynamique générale, respect mutuel, encouragement à la participation, sentiment de sécurité et d'appartenance, rareté des conflits) et au soutien émotionnel dont les élèves bénéficient. Elle influe sur le bien-être des élèves, l'estime de soi, mais aussi sur les interactions sociales, la cohérence du groupe classe, le bien vivre ensemble et, de ce fait, l'engagement dans les apprentissages.

A Évaluer les conditions de travail et de bien-être dans la classe — 5 min

L'activité se concentre sur les conditions matérielles, que l'on demande aux élèves d'évaluer. Il s'agit tout à la fois de donner son avis et de prendre conscience que les conditions matérielles impactent la motivation et les apprentissages : on travaille mieux dans de bonnes conditions.

Matériel : activité A du carnet élève.

1. Introduction en groupe classe : lire le titre de l'activité (Les conditions de travail dans notre classe sont-elles bonnes ?), puis lancer l'activité.

2. Activité individuelle : colorier ses choix.

3. Retour en groupe classe : collecter les réponses à main levée sur chaque item de façon à connaitre l'avis des élèves. Les inscrire dans un tableau sur le modèle suivant.

températures	trop chaud : *… élèves*	trop froid : *… élèves*	parfait : *… élèves*	pas d'avis : *…élèves*
lumière	trop : *… élèves*	pas assez : *… élèves*	parfait : *… élèves*	pas d'avis : *… élèves*
propreté	très propre : *… élèves*	propre : *… élèves*	sale : *… élèves*	pas d'avis : *… élèves*
disposition des tables	j'aime : *… élèves*	je n'aime pas : *… élèves*		pas d'avis : *… élèves*
conditions de travail	bien : *… élèves*	bof : *… élèves*		pas d'avis : *… élèves*

PROLONGEMENT : des binômes d'élèves peuvent prendre la responsabilité de l'un ou l'autre des items pour veiller au bien-être de tous.

B Évaluer l'ambiance dans la classe — 15 min

L'activité porte sur l'ambiance dans la classe telle qu'elle est ressentie par les élèves. Les réponses peuvent être variées. Certaines doivent alerter l'enseignant(e) sur le malaise d'un ou plusieurs élèves.

Matériel : activité B du carnet élève.

1. Introduction en groupe classe : lire le titre de l'activité (Qu'est-ce que je pense de l'ambiance dans notre classe ?), puis lancer l'activité en rappelant bien qu'il n'y a pas à deviner les bonnes réponses mais à exprimer son sentiment personnel.

2. Activité individuelle : entourer puis colorier les réponses qui correspondent à son propre ressenti, puis écrire une ou plusieurs améliorations souhaitées.

3. Retour en groupe classe : partager avec bienveillance les ressentis (encore une fois, il n'y a pas de réponse juste, seulement des ressentis différents).

PROLONGEMENT : établir une moyenne

- 1 point par élève ayant sélectionné les mots *détente, camaraderie, entraide, concentration, tranquillité, respect* ;
- –1 point pour *stress, conflits, moqueries, compétition* ;
- 0 pour *amusement* (cela peut être agréable mais pas positif pour le travail) ;
- 1 point par réponse de satisfaction 🙂 sur les questions suivantes ;
- –1 point pour les réponses d'insatisfaction 🙁 ;
- 0 point pour les réponses neutres 😐.

C Identifier d'éventuels problèmes à régler dans la classe — 20 min

L'activité s'apparente à un débat par petits groupes puis en groupe classe sur les problèmes qui se posent en classe, de manière à les identifier (il ne s'agit pas encore, ici, de leur trouver une solution).

Matériel : activité C du carnet élève.

1. Introduction en groupe classe : lire le titre de l'activité (Y a-t-il des problèmes dont nous aimerions parler avec la classe ?), organiser les petits groupes, énoncer quelques règles (durée de l'atelier, modalités d'échanges dans le respect, partage de la parole, objectif, par exemple identifier au maximum trois problèmes) et lancer l'activité.

2. Activité en petits groupes : sélectionner les éventuels problèmes parmi ceux suggérés ou en identifier d'autres ; puis rédiger une phrase pour dire ce que l'on souhaite améliorer (exemple : *il faudrait moins de bruit pendant les évaluations, nous aimerions que le maitre ne soit pas injuste* *avec Roméo, nous voulons que Julie et Sam arrêtent leur compétition pour être le premier de la classe...).* S'auto-évaluer selon « Quelques règles pour le travail oral en groupe », page 13.

3. Retour en groupe classe : accueillir avec bienveillance toutes les remarques car elles sont instructives et favorisent l'engagement citoyen qui consiste à énoncer très librement (dans le respect de l'autre) ses opinions et à les défendre.

4. Conclusion : identifier les problèmes énoncés de manière récurrente ou proposer aux élèves de voter pour dire quels problèmes leur semblent les plus importants.

PROLONGEMENT : mettre en place un conseil de classe (séquence suivante) pour régler les problèmes.

D Trouver des pistes pour les problèmes de la classe

15 min

L'activité ne propose pas encore de régler les éventuels problèmes mais de chercher le circuit à mettre en place pour permettre à chacun et chacune de faire connaitre un problème, en tenant compte de la timidité de certains, de la pression ressentie par d'autres, d'où l'importance d'un certain anonymat dans les modalités de signalement.

Matériel : activité D du carnet élève.

1. Introduction en groupe classe : lire le titre de l'activité (Comment pourrait-on signaler les problèmes dans la classe ?), puis lancer l'activité.

2. Activité individuelle : exprimer ses propres choix en sélectionnant parmi les items proposés ou en énonçant d'autres idées. L'enseignant(e) tolère les « bavardages » discrets entre élèves.

3. Retour en groupe classe : échanger sur les opinions émises ; éventuellement, débattre et proposer les solutions au vote.

PROLONGEMENT : suivant les souhaits de la classe, créer une boite à idées, un panneau, mettre en place un conseil de classe, créer un questionnaire de satisfaction...

p. 28-29

Comment éviter les conflits ?

Les conflits sont inévitables car inhérents à la nature humaine. Ils découlent des différences – de perspectives, d'opinions, de valeurs, de besoins et de désirs – entre les individus, ce qui amène à des désaccords, des malentendus et des tensions, terreau propice aux conflits.

Les conflits génèrent de l'anxiété, ils réduisent la confiance en soi et augmentent l'insatisfaction personnelle. Dans le groupe, ils engendrent un climat de tension, affectent la communication, diminuent la cohésion et la productivité, et perturbent la dynamique.

Cependant, les conflits ne sont pas entièrement négatifs. Un conflit bien géré permet d'identifier et de résoudre les problèmes, de stimuler la créativité et d'encourager le développement personnel et collectif. Ce n'est pas tant l'ampleur des conflits qui compte que l'analyse de leurs causes, l'attitude développée (dialogue, volonté de résolution pacifique) et la gestion plus ou moins constructive.

Au cycle 3, les élèves apprennent à reconnaitre les divergences de points de vue et les conflits, mais découvrent aussi comment les éviter (cette séquence) et les résoudre (séquence suivante), ce qui mobilise leurs compétences psychosociales, notamment l'identification des émotions, l'amélioration des interactions interpersonnelles et l'accroissement de l'empathie.

A Évaluer la présence et l'ampleur des conflits dans la classe — 15 min

L'activité est l'occasion d'évaluer le sentiment des élèves face à l'ampleur des conflits, dont certains peuvent « passer sous le radar » de l'enseignant(e).

Matériel : activité A du carnet élève.

1. Introduction en groupe classe : lire le titre de l'activité (Y a-t-il des conflits dans la classe ?), puis lancer l'activité en rappelant qu'il s'agit de donner son sentiment personnel, sans jugement de la part des autres.

2. Activité individuelle : répondre en fonction de son ressenti (conflits dans la classe et conflits dans lesquels on est soi-même, même involontairement, impliqué) puis rechercher les causes des conflits, à compléter éventuellement avec ses propres idées.

3. Retour en groupe classe : comptage à main levée sur la première question (dans la classe, il y a beaucoup, quelques ou aucun conflit).

4. Suite du retour en groupe classe : sur la base du volontariat pour la deuxième partie ; permettre un échange sur les causes des conflits puis l'enseignant(e) partage son propre ressenti.

5. Conclusion : rassurer les élèves sur le fait que les conflits sont inévitables : dans tout groupe, il y a des conflits. Il faut qu'ils demeurent dans une limite supportable.

B Identifier ses propres émotions face aux conflits — 10 min

L'activité propose une auto-observation sur les ressentis et les émotions face à un conflit, que les élèves soient acteurs volontaires ou involontaires, ou encore spectateurs de ces conflits.

Matériel : activité B du carnet élève.

1. Introduction en groupe classe : lire le titre de l'activité (Comment je me sens en cas de conflit ?), puis lancer l'activité en rappelant qu'il n'y a pas de bonnes ou mauvaises réponses, seulement des ressentis propres à chacun.

2. Activité individuelle : identifier ses propres émotions face aux conflits.

3. Retour en groupe classe : sur la base du volontariat.

4. Conclusion : si des élèves ont témoigné leur indifférence, expliquer que les conflits dans la classe concernent tout le monde, à tout moment, car ils nuisent au bien-être de chacun et de chacune et aux apprentissages.

C Comprendre pourquoi il est indispensable de régler les conflits — 15 min

L'activité propose une auto-observation sur la manière dont chacun cherche, ou non, à résoudre les conflits. Elle est l'occasion de travailler sur quelques expressions françaises :

• faire l'autruche ou se cacher la tête dans le sable pour ne pas voir (les autruches se cacheraient la tête dans le sable en cas de danger : en réalité, il s'agit d'une légende sans fondement) ;

• utiliser une baguette magique (dans les contes, la baguette magique est utilisée par des sorciers, des fées ou des magiciens pour diriger leurs pouvoirs ; de manière imagée,

l'expression signifie penser qu'une solution miraculeuse est possible ou que les choses vont se régler seules);

- **couper le problème à la racine (résoudre un problème en s'attaquant à sa cause profonde pour l'empêcher de se reproduire, car couper une plante sans tenir compte de ses racines fait qu'elle repousse sans cesse);**
- **jeter de l'huile sur le feu (aggraver une situation conflictuelle en envenimant le débat, comme on ajoute du combustible pour attiser une flamme: cette expression rappelle que certaines paroles peuvent exacerber un problème plutôt que de contribuer à le résoudre);**
- **jouer les pompiers (intervenir dans l'urgence pour tenter de résoudre un problème).**

Matériel: activité C du carnet élève.

1. Introduction en groupe classe: lire le titre de l'activité (Faut-il régler les conflits?), expliciter les expressions (ou attendre les questions des élèves) puis lancer l'activité.

2. Activité individuelle: entourer la solution qui correspond le mieux à chacun, sans jugement de valeur (certains élèves admettront qu'ils ont tendance à jeter de l'huile sur le feu) ou en proposer une autre sur le « nuage » jaune prévu (écrire, dessiner…).

3. Retour en groupe classe: sur la base du volontariat; accueillir avec bienveillance toutes les réponses et féliciter l'honnêteté. Toujours avec bienveillance, s'interroger sur le bien-fondé ou le caractère contreproductif de chaque attitude.

4. Conclusion: retenir que les conflits ne s'arrêtent pas seuls et que chacun doit contribuer à leur résolution.

D Chercher comment éviter qu'une tension se transforme en conflit — 15 min

La tension et le conflit se situent dans le continuum d'un même problème.

La tension reflète un inconfort, une insatisfaction qui résulte d'un désaccord, d'un malentendu, d'un stress ou d'une pression. Elle ne mène pas nécessairement à l'affrontement et peut se dissiper. Elle peut également être le signe précurseur d'un conflit.

Le conflit est une opposition ouverte, une confrontation directe, qui prend l'allure d'un échange verbal, d'une lutte de pouvoir, d'un différend, voire d'un affrontement physique.

L'activité propose de résoudre les tensions avant qu'elles deviennent des conflits.

Matériel: activité D du carnet élève.

1. Introduction en groupe classe: lire le titre de l'activité (Comment éviter qu'une tension devienne un conflit?), puis lancer l'activité.

2. Activité individuelle: choisir les méthodes qui conviennent à chacun, sachant que l'efficacité de chacune dépend de la personnalité de celui qui l'applique.

3. Retour en groupe classe: sur la base du volontariat, en explicitant les solutions proposées et leur intérêt, et en mettant en garde sur « l'envers du décor »…

1. *Je propose d'arrêter avant que cela dégénère*: cela permet toujours de calmer la situation, mais le problème n'est pas forcément réglé pour autant et peut resurgir.

2. *Je demande du temps pour réfléchir*: cela permet de se calmer, éventuellement de changer de point de vue, à condition qu'il se n'agisse pas de « reculer pour mieux sauter » et revenir à la charge de la même manière le lendemain.

3. *Je dis: « On ne va pas se fâcher pour ça. »*: cela permet de prendre du recul par rapport au conflit; s'il s'agit d'un désaccord d'opinion, le problème est clos, mais si la tension concerne un problème qu'il faut régler, il faudra bien revenir à la charge.

4. *Je crie plus fort pour faire taire l'autre*: cette solution peut permettre d'imposer sa volonté et mettre fin au conflit; elle peut aussi le décupler; en tout état de cause, celui qui a imposé son avis risque un sérieux « retour de bâton ».

5. *Je cède pour que cela s'arrête*: c'est évidemment très efficace, mais attention à ceux qui cèdent systématiquement, car ils « se font marcher sur les pieds » et leur insatisfaction croit.

6. *Je me calme*: c'est toujours bien, les conflits ne pourront se régler que dans le calme.

7. *Je m'éloigne*: idem, mais bien penser que cela ne règle pas le problème.

8. *Je propose qu'on en reparle plus tard*: dans la même lignée, cela permet de reporter le règlement du conflit à un moment plus calme et propice.

9. *Je change de sujet*: s'il s'agit d'une divergence d'opinions, cela met fin au conflit, mais là encore, s'il faut régler un problème, il faudra bien y revenir.

10. *Je demande l'avis de mes amis*: c'est toujours une bonne idée, car on peut s'enferrer dans une attitude butée, mais l'avis des autres n'est pas nécessairement meilleur que le sien propre, il peut juste contribuer à éclairer le débat.

11. *Je propose qu'on change d'activité*: si le conflit porte sur une activité, c'est évidemment une bonne solution, mais le problème peut resurgir le jour où l'on revient à cette activité.

Comment régler les conflits ?

p. 30-31

La non-résolution des conflits engendre une perpétuation des tensions, des frustrations et de l'animosité, jusqu'à l'aggravation possible des problèmes, rendant alors la résolution plus ardue encore. À l'inverse, la gestion efficace des conflits favorise le bien-être émotionnel, diminue le stress et l'anxiété, et contribue à préserver des relations saines. En outre, apprendre à résoudre les conflits favorise l'acquisition de nouvelles compétences sociales (communication, négociation, élaboration de solutions créatives...), compétences utiles tant dans la vie personnelle que dans les relations de travail.

La résolution des conflits est un processus parfois complexe, qui nécessite le respect de différentes étapes. Dans un premier temps, il convient d'identifier les causes du conflit, ainsi que les émotions et les sentiments qu'ils ont provoqués. Ensuite, la résolution doit se fonder sur une communication ouverte et respectueuse, permettant à chacun d'exprimer son ressenti. Puis commence la phase d'élaboration d'une solution commune, laquelle comporte une part de négociation et doit répondre aux besoins de chacun en lui apportant, si ce n'est un sentiment de victoire, celui que son point de vue a été entendu et que la solution proposée est acceptable. Enfin, un bon accord réclame une mise en œuvre concrète et un suivi, de façon à s'assurer que le conflit a été résolu de manière satisfaisante et définitive.

Cette séquence se situe dans le prolongement de la précédente (comment éviter les conflits) et peut être abordée juste après elle ou plus tard, le temps que les compétences précédentes se soient mises en place.

A Identifier les pensées et l'attitude des protagonistes dans un conflit — 20 min

L'activité propose aux élèves une auto-observation, qui les conduit à identifier leurs émotions, leurs pensées et leurs attitudes en cas de conflit.

Matériel : activité A du carnet élève.

1. Introduction en groupe classe : lire le titre de l'activité (Que se passe-t-il quand on est en conflit ?), puis lancer l'activité en rappelant que, pour la plupart des questions, il n'y a pas de bonnes réponses, seulement à être clairvoyant envers soi-même (ce qui, pour des enfants de cycle 3, n'est pas encore évident).

2. Activité individuelle : répondre (et colorier) en fonction de son ressenti, le plus honnêtement possible.

3. Activité individuelle : observer le dessin et chercher qui a raison.

4. Activité individuelle : identifier (et cocher) les attitudes les plus adaptées au conflit.

5. Retour en groupe classe : sur la base du volontariat pour la première partie.

Toujours avec bienveillance, identifier les attitudes qui contribuent plutôt à renforcer le conflit (mais que nous avons tendance à utiliser car nous nous accrochons à notre point de vue) : *j'ai raison, il/elle ne comprend rien, il/elle a tort, il/elle fait exprès, il/elle pourrait faire un effort, il/elle dit n'importe quoi.*

Puis identifier les attitudes plus constructives (mais difficiles à adopter dans le « feu de l'action » et du conflit) : *j'ai peut-être tort, je ne comprends peut-être pas, il/elle a peut-être raison, je ne le fais pas un peu exprès ? je pourrais faire un effort, je dis peut-être n'importe quoi.*

Remarquer que chaque item de la ligne « orange » est le pendant de l'item correspondant sur la ligne « bleue ».

6. Correction en groupe classe : relever les réponses sur Moussa et Léa puis expliquer qu'ils ont tous deux raison car, bien qu'étant au même endroit, ils ne voient pas la même chose (le regard ne porte pas sur le même angle). Il s'agit là d'une métaphore assez juste de la divergence des points de vue.

7. Conclusion : retenir que, dans un conflit, souvent, personne n'a « raison » : chacun voit les choses différemment.

8. Correction en groupe classe : dernière activité.

Certaines attitudes contribuent à la résolution du conflit : *prendre le temps d'écouter et se mettre à la place de l'autre* (ce qui ne signifie pas abandonner son opinion, mais tenter de comprendre celle de l'autre), *répéter le point de vue de l'autre avec ses propres mots* (reformuler) *pour montrer qu'on l'écoute* (cela le rassure et montre qu'il ou elle est compris(e), même s'il y a toujours désaccord).

En revanche, *insister pour faire comprendre son propre point de vue* ou *répéter rapidement le point de vue de l'autre pour revenir rapidement au sien* ne font qu'ancrer le conflit. Or plus on impose son point de vue, plus l'autre cherche à imposer le sien.

9. Conclusion : expliquer qu'en cas de conflit, le mieux est de chercher à se mettre à la place de l'autre pour le comprendre, même si on ne partage pas son point de vue, car la compréhension réduit déjà les tensions.

B Connaitre quatre méthodes pour résoudre les conflits 20 min

Il existe de nombreuses manières de résoudre les conflits. Nous en proposons ici quatre, adaptées à des élèves de cycle 3.

Matériel : activité B du carnet élève.

1. Introduction en groupe classe : lire le titre de l'activité (Comment trouver une solution ?), puis lire le problème (Il n'y a qu'un seul ballon, or Martin veut jouer au football et Malou veut jouer au handball). Énoncer qu'il s'agit de trouver une solution à ce conflit et lancer l'activité.

2. Activité individuelle : compléter avec des exemples personnels.

3. Retour en groupe classe : échanger sur la base du volontariat, au besoin réexpliquer chaque méthode pour résoudre un conflit et identifier les bonnes réponses. Par exemple :

Solution 1. Le compromis (chacun fait un pas vers l'autre) : par exemple, Martin et Malou jouent au football un quart d'heure puis au handball un quart d'heure.

Solution 2. La troisième voie (chacun abandonne son idée) : par exemple, Martin et Malou abandonnent le footbal (que Malou n'aime pas) et le handball (que Martin n'aime pas) pour trouver un autre jeu qui leur convient à tous les deux (même si chacun préfère le jeu qu'il a initialement proposé), par exemple le basket.

Solution 3. Le tirage au sort : Martin et Malou peuvent faire un shifumi (pierre papier ciseau) ou tirer à la courte paille...

Solution 4. L'arbitre : Martin et Malou demandent l'aide d'un médiateur, un ou une camarade, un adulte. Dans certaines situations, l'intervention d'un médiateur, à condition qu'il soit véritablement neutre (pas de parti pris au départ), facilite la communication, clarifie le problème et peut guider les parties vers une solution.

PROLONGEMENT :

- proposer aux élèves de voter pour la solution qui leur semble la meilleure dans le cas de Martin et Malou ;
- tester tour à tour l'une ou l'autre des solutions, puis procéder à un retour d'expérience en groupe classe.

C Comprendre comment éviter qu'un conflit ne redémarre 20 min

Il arrive qu'un conflit que l'on pensait éteint se réveille et reprenne de plus belle. Cela se produit quand la résolution n'a pas été complète (certains points sont restés en suspens), quand des ressentiments (colère, impression de ne pas avoir été entendu, respecté ou bien traité) demeurent ou encore quand la solution adoptée n'est pas respectée. Cela peut également arriver lorsque la solution adoptée s'avère inéquitable (l'une des parties est privilégiée) ou si les circonstances changent et que la solution adoptée n'est plus adaptée.

Pour éviter que les conflits redémarrent, il importe de chercher des solutions efficaces et équitables, de les respecter, d'entretenir la communication ensuite et de se tenir prêt à reprendre la discussion, paisiblement.

Enfin, la résolution d'un conflit nécessite parfois que des excuses soient présentées. Cela restaure la confiance en appelant un changement, permet la réconciliation et répare la relation. Mais cela implique d'admettre ses torts (ce qui peut sembler un aveu de culpabilité ou de faiblesse, et nécessite de faire fi de son orgueil ou de son égo). C'est pourquoi les excuses ne doivent jamais être imposées. Elles ne viennent pas nécessairement immédiatement. Elles peuvent être explicites (formulées) ou implicites (par l'attitude qui montre qu'il n'y a plus de conflit). Enfin, il convient de rappeler que présenter des excuses montre à l'autre que l'on tient compte de ses sentiments.

Matériel : activité C du carnet élève.

1. Introduction en groupe classe : lire le titre de l'activité (Comment éviter que le conflit ne redémarre ?), puis lancer l'activité.

2. Activité individuelle : identifier les mauvaises attitudes, qui risquent de faire redémarrer le conflit puis identifier les bonnes attitudes.

3. Activité individuelle : sélectionner les excuses que, personnellement, on se sent prêt(e) à présenter.

4. Retour en groupe classe : procéder à une correction collective de la première partie. Ruminer, désirer se venger ou rappeler qu'on avait raison ravive le conflit. Au contraire, se calmer, parler gentiment et sourire même si on se sent encore fâché(e), relativiser en disant que ce n'est pas si grave et tout mettre en œuvre pour que la solution aboutisse contribue au succès du règlement du conflit.

5. Retour en groupe classe : procéder à un retour sur la base du volontariat pour la seconde partie ; expliquer l'importance des excuses, le fait qu'elles n'impliquent pas nécessairement de renoncer à son point de vue (les excuses peuvent porter sur le fait d'avoir mal parlé, mal communiqué, mal écouté, été insuffisamment respectueux).

6. Conclusion : insister sur l'importance d'apprendre à présenter des excuses, de façon à montrer son respect pour les autres et à mettre fin au conflit.

PROLONGEMENT : tester les bonnes attitudes pour éviter que les conflits « résolus » redémarrent et prévoir de procéder à un retour d'expérience en groupe classe.

Comment pratiquer l'empathie ?

p. 32-33

L'empathie est la capacité d'identifier sans jugement les pensées, les émotions et les sentiments d'un tiers, de les comprendre, voire de les ressentir, sans se laisser déborder par eux. C'est l'aptitude à se mettre à la place de l'autre tout en maintenant une distance affective de manière à ne pas se laisser emporter par ses pensées et ses émotions.

L'empathie peut être cognitive : elle permet de comprendre intellectuellement les idées, les pensées ou les opinions de l'autre. Elle peut être émotionnelle : il s'agit alors de ressentir ce que l'autre ressent. Il s'agit de se décentrer de son propre monde non pour l'abandonner mais pour se représenter le monde mental de l'autre.

Le ministère de l'Éducation nationale a lancé, depuis la rentrée 2024, un plan d'acquisition et de développement de cette compétence psychosociale, dans le but, notamment, de mieux lutter contre le harcèlement.

A Comprendre ce qu'est (et ce que n'est pas) l'empathie

10 min

Le terme « empathie » dérive du grec *pathos* (ce que l'on éprouve, éprouver les mêmes sentiments), comme d'autres mots de la même famille : sympathie (attrait naturel pour quelqu'un), antipathie (aversion naturelle), apathie (incapacité à ressentir des émotions).

L'empathie diffère de la sympathie : cette dernière est un attrait naturel, spontané pour quelqu'un, alors que l'empathie implique une mise à niveau émotionnel avec l'autre, qui n'est pas nécessairement spontanée.

L'empathie diffère également de la compassion : dans l'empathie, on comprend, on ressent sans forcément adhérer, alors que dans la compassion, on « souffre avec ». L'empathie implique une générosité émotionnelle (on reconnait l'autre tout en conservant une certaine distance).

Matériel : activité A du carnet élève.

1. Introduction en groupe classe : lire le titre de l'activité (Qu'est-ce que l'empathie ?), regarder collectivement les éléments et rappeler ce que sont les préfixes, puis lancer l'activité.

2. Activité individuelle : relier pour former deux mots.

3. Correction en groupe classe :

– la sympathie est le partage avec une personne de ses émotions et de ses intérêts ;

– l'empathie est la capacité à comprendre les émotions que ressent une personne ;

– *avoir les mêmes « délires »* que ses amis relève de la sympathie ;

– *aider une vieille dame tombée dans la rue* relève de l'empathie.

4. Conclusion : retenir qu'avoir de l'empathie, c'est être capable de se mettre à la place de quelqu'un d'autre pour comprendre sa situation, ses idées, ses émotions, même si on ne les partage pas.

B Identifier les émotions nécessaires à la pratique de l'empathie

10 min

Les neurones miroirs sont des cellules cérébrales qui nous amènent à réagir aussi bien lorsque nous effectuons une action que lorsque nous observons quelqu'un effectuer cette action. Par exemple, si quelqu'un se sert un verre d'eau, si quelqu'un se blesse et saigne, les neurones miroirs « reflètent » cette action ou cette situation dans notre cerveau : on sent presque le poids du verre d'eau ou la douleur de la blessure. Le cerveau réagit comme s'il vivait la situation.

Les neurones miroirs jouent un rôle clé dans l'empathie : ils nous amènent à comprendre intuitivement les autres, leurs actions, leurs pensées, leurs émotions. Ils rendent possible l'apprentissage par imitation.

La théorie des neurones miroirs est remise en cause par certains chercheurs, mais son apport pour les neurosciences est tel et son explication si simple que nous avons choisi de la présenter aux élèves pour qu'ils comprennent le principe de l'empathie.

L'activité proposée est essentielle car de nombreux élèves de cycle 3 ont encore du mal à identifier les émotions et les sentiments, les leurs et plus encore ceux des autres, terreau pourtant indispensable au développement de l'empathie.

Matériel : activité B du carnet élève.

1. Introduction en groupe classe : lire le titre de l'activité (Comment fonctionne l'empathie ?), expliquer ce que sont les neurones miroirs puis lancer l'activité.

2. Activité individuelle : identifier les émotions et les sentiments.

3. Correction en groupe classe : de gauche à droite, *honte, joie, douleur, fierté, tristesse.*

PROLONGEMENT : dans les jours et les semaines qui suivent, revenir régulièrement sur l'identification des émotions.

C Comprendre l'importance de l'empathie dans la vie quotidienne

20 min

Pour faire comprendre l'importance de l'empathie dans la vie quotidienne, l'activité propose d'abord de se projeter dans une dystopie dans laquelle plus personne n'éprouverait d'empathie.

Matériel : activité C du carnet élève.

1. activité en groupe classe : lire le titre de l'activité (Pourquoi est-ce important de pratiquer l'empathie ?), et imaginer collectivement un monde où tout le monde serait indifférent aux autres. En classe, personne (pas même le maitre ou la maitresse) ne se préoccuperait de savoir si un(e) élève va bien, si un(e) élève arrive à suivre, personne ne s'interrogerait sur les absences, les élèves malades... À la maison, les parents ne s'occuperaient pas de leurs enfants, ne leur prépareraient pas à manger... Dans la rue, les conducteurs ne s'arrêteraient pas et écraseraient les piétons (puisqu'ils ne se préoccuperaient pas de leur sort). La vie serait un cauchemar et l'humanité ne survivrait pas longtemps.

2. Activité individuelle : identifier les situations où l'on a besoin des autres et comprendre pourquoi on fait attention aux autres.

3. Activité individuelle : choisir sa propre manière de pratiquer l'empathie.

4. Correction en groupe classe :

– pour la première activité, on peut avoir besoin des autres dans tous les cas proposés (*situation de difficulté, problème personnel, envie que l'on ne peut assouvir seul(e), détresse psychologique*...), mais on peut avoir envie de gérer seul(e) certaines situations ;

– les bonnes raisons pour faire attention aux autres sont qu'*ils peuvent avoir besoin de nous*, que *c'est agréable de se sentir utile* et qu'*ensemble, la vie est plus agréable*. On peut aussi en espérer un retour : *un jour, ils feront attention à moi*. En revanche, utiliser le fait de faire attention aux autres pour faire montre de sa supériorité (je suis le plus fort) pose problème (c'est bien d'avoir répondu honnêtement, mais cette réponse pose un égo très puissant).

Comprendre qu'avoir de l'empathie, c'est comprendre les autres, sans se laisser déborder par leurs émotions.

5. Retour en groupe classe : sur la base du volontariat en ce qui concerne la pratique de l'empathie.

PROLONGEMENT : dans les jours et les semaines qui suivent, chercher des occasions de faire attention les uns aux autres, expérimenter et prévoir un retour d'expérience en groupe classe ; par exemple :

– se faire le ou la défenseur(e) d'un(e) élève en difficulté, pendant une semaine ;

– écouter un(e) ami(e) triste, aider à ranger, s'entraider ;

– nommer les émotions et les sentiments que l'on imagine chez l'autre et lui demander de confirmer ou d'expliciter ;

– partager ses émotions et ses sentiments avec un ou plusieurs camarades ; apprendre à les nommer ;

– prendre conscience de l'impact négatif de son comportement sur les autres ;

– se sentir concerné(e) par un ou une autre camarade, par un groupe, par la classe ;

– s'interroger sur une attitude, une absence, et en prendre l'habitude ;

– imaginer : comment je me sentirais si j'étais à sa place ?

PROLONGEMENT : créer un arbre de l'empathie, tel que proposé par Stéphanie Couturier (*Apprenez à votre enfant à développer son empathie*, Marabout, 2018).

UN ARBRE DE L'EMPATHIE

– Construire collectivement une affiche représentant un arbre avec des branches nues (dépourvues de feuilles).

– Découper, colorier (fiche 10 ci-dessous) ou réaliser par collage, dessins, utilisation de matériaux de récupération, des feuilles colorées, sur lesquelles on note une attitude empathique que l'on a eue, un mot d'encouragement pour quelqu'un ou pour le groupe (*bravo pour, j'ai aimé quand, tu comptes pour moi parce que, j'ai remarqué que, j'aime être ton ami(e) parce que, merci de*...).

– Chacun vient anonymement et au fur et à mesure coller (quitte à surcoller) les feuilles, jusqu'à ce que l'arbre collectif soit couvert de feuilles colorées.

Fiche 10 : modèles de feuilles à personnaliser

Photocopier à la dimension voulue

Comment mieux communiquer entre nous ?

p. 34-35

Le psychosociologue et écrivain Jacques Salomé présente la communication interpersonnelle comme une écharpe tenue à chaque extrémité par une personne et permettant de tisser un pont entre elles.

La séquence se fonde sur la communication non violente (CNV), une méthode relationnelle développée dans les années 1960 par le psychologue américain Marshall Rosenberg pour favoriser la coopération entre les personnes. Elle se fonde sur une observation sans interprétation ni jugement de la situation, une expression sans critique des émotions, des sentiments et des besoins (et non des exigences) de chacun, des demandes claires, concrètes et réalisables. Elle implique de clarifier ses propres émotions (auto-empathie) et de se mettre à l'écoute des messages de l'autre.

A Comprendre la différence entre le message émis et le message reçu lors d'une communication — 15 min

Dans la communication, le message émis diffère parfois du message reçu : ce que l'on dit n'est pas ce que l'autre comprend. En effet, la manière de parler, le sens accordé aux mots, les connaissances, les expériences, les valeurs personnelles et les états émotionnels brouillent le message. S'ajoutent à cela l'inégale attention portée par les deux protagonistes à la situation, ainsi que le codage et le décodage des signaux non verbaux (gestes, attitudes, mimiques…), auxquels l'émetteur et le récepteur ne donnent pas nécessairement le même sens. Par exemple, dans certaines sociétés asiatiques, la gêne se traduit par un sourire qui, en Occident, est interprété comme une moquerie.

Matériel : activité A du carnet élève.

1. Introduction en groupe classe : lire le titre de l'activité (Nous comprenons-nous ?), puis lancer l'activité.

2. Activité individuelle : observer et comprendre le dessin puis entourer les bonnes réponses.

3. Correction en groupe classe : Camille a dit « poisson » et Orian a compris « requin ». Le terme « poisson » ne précise pas la taille de l'animal. Pour Camille, il s'agissait d'un petit poisson rouge, pour Orian d'un gros et dangereux poisson.

4. Conclusion : bien comprendre que quand on communique, il peut y avoir une différence entre ce que l'on dit et ce que l'autre comprend.

5. Activité individuelle : barrer ce qui brouille le message et colorier ce qui aide à le faire comprendre.

6. Correction en groupe classe : barrer le fait de *parler vite* (difficile à comprendre) ou *longtemps* (lassitude) et d'*utiliser des mots compliqués* (difficile à comprendre), et le fait de *montrer sa colère, pointer du doigt, accuser, dire des mots blessants* (l'autre se tient en position défensive donc n'écoute plus vraiment, voire interprète le message en fonction de ses émotions).

PROLONGEMENT : prendre l'habitude de s'interroger sur l'interprétation possible par l'autre de ce qu'on dit.

B Identifier et éviter la communication klaxon — 15 min

La « communication klaxon » définie par le psychosociologue Jacques Salomé consiste à commencer les phrases par le pronom personnel « tu » (tu as dit, tu as fait, tu m'énerves…). Elle place l'autre en accusation, donc l'incite à adopter une position défensive. Jacques Salomé propose au contraire de commencer les phrases par l'emploi du pronom personnel « je », de façon à parler de son ressenti, non de l'interprétation que l'on a des attitudes de l'autre.

Matériel : activité B du carnet élève.

1. Introduction en groupe classe : lire le titre de l'activité (Comment éviter la communication klaxon ?), puis lire le texte en bleu sur la communication klaxon et expliciter (mieux vaut parler de ce que l'on ressent que de pointer l'autre, et remplacer les reproches par l'expression de son ressenti, qui n'est pas contestable).

2. Activité en binômes : remplacer les débuts de phrases en « tu » par des débuts de phrases en « je ».

– *C'est toujours toi qui commandes.* → *Je suis énervé(e) quand tu veux commander.*

– *Tu es pénible à toujours faire du bruit* → *Je me sens fatiguée de t'entendre faire du bruit.*

– *Tu n'es pas drôle.* → *Je ne trouve pas cela drôle.*

– *Tu te crois toujours le plus fort.* → *Je suis énervée quand j'ai l'impression que tu te crois le plus fort.*

3. Activité en binômes : continuer en binômes avec les exemples du carnet et davantage.

4. Correction en groupe classe : accueillir plusieurs possibilités à chaque fois, par exemple :

– *Tu réponds toujours sans lever la main.* → *Je suis agacé(e) quand tu parles sans lever la main.*

– *Tu cries tout le temps.* → *Je n'aime pas t'entendre crier.*

– *Tu m'as bousculé(e) dans l'escalier.* → *Je n'ai pas aimé quand tu m'as bousculé(e) dans l'escalier.*

PROLONGEMENT : introduire une variante commençant par « ça » : ça m'énerve, ça me fatigue, ça n'est pas drôle, ça m'a choqué(e) quand tu m'as bousculé(e) dans l'escalier.

C Pratiquer l'écoute active 20 min

L'écoute est un élément essentiel de la communication. Elle permet de découvrir de nouvelles informations et de comprendre son interlocuteur sans mal interpréter ses messages. Elle témoigne du respect envers l'autre, ses idées et ses opinions. Elle développe l'empathie et est l'unique base d'une bonne relation.

L'écoute active consiste à porter une attention intense et manifeste à son interlocuteur et son message. Elle implique une attitude ouverte, l'écoute des mots, l'attention au langage corporel et aux émotions sous-jacentes. Elle demande de la concentration (ne pas penser à autre chose ni préparer sa réponse tant que l'autre parle).

L'écoute active passe par une attitude (contact visuel, absence d'autres activités), des signaux non verbaux (hochement de tête, expressions faciales), des mots (oui, d'accord, je vois...), voire des questions (pour clarifier le propos) et des reformulations (si je comprends bien, tu penses que...). Elle implique de renoncer à certaines attitudes (ricaner, froncer les sourcils, lever les yeux au ciel, hausser les épaules), à certains mots (mais non, n'importe quoi), et implique aussi de ne pas couper la parole.

L'écoute active ne signifie pas forcément que l'on est d'accord avec son interlocuteur. Elle montre simplement que l'on accueille son point de vue, son éventuelle différence. Les élèves de cycle 3 découvrent qu'il n'y a pas UNE vérité, qu'il faudrait imposer aux autres, mais des points de vue et des opinions variés, parfois divergents (voir le dessin du carnet page 30) avec lesquels on ne doit pas se sentir remis en cause.

Matériel : activité C du carnet élève.

1. Introduction en groupe classe : lire le titre de l'activité (Comment faut-il écouter l'autre ?), puis lancer l'activité.

2. Activité individuelle : cocher (ce que l'on fait habituellement ou ce que l'on pense qu'il faut faire).

3. Correction en groupe classe : identifier ce qu'il faut faire (*écouter pour comprendre, écouter vraiment et ne pas se contenter de donner l'impression d'écouter, bien écouter*).

4. Conclusion : comprendre que la bonne communication consiste aussi à bien écouter. Lancer l'activité en binômes.

5. Activité en binômes : chercher ensemble comment montrer que l'on écoute.

6. Correction en groupe classe : par exemple...
- Je regarde celui ou celle qui me parle.
- Je hoche la tête pour montrer que j'écoute, que je suis attentif/attentive.
- Je dis : je vois, oui, bien sûr, d'accord, en effet, entendu, je comprends...
- Je ne fais pas des mimiques comme pour me moquer, montrer que ça m'ennuie.
- J'évite de ricaner, regarder ailleurs, parler à quelqu'un d'autre, lever les yeux au ciel.
- Si je ne comprends pas, je pose des questions, je demande qu'on répète.
- Quand l'autre a fini de parler, je reformule, je dis que j'ai compris.

PROLONGEMENT : dans les jours et les semaines qui suivent, mettre l'écoute active en pratique.

D Prêter attention à son langage corporel 10 min

Le « langage corporel » se compose de tous les éléments non verbaux qui entrent dans la communication : les gestes, les postures, les expressions de visage... Par exemple, croiser les bras quand on écoute peut indiquer de la défiance, ne pas regarder dans les yeux peut être signe de désintérêt, froncer les sourcils marque le doute ou le mécontentement. Les élèves de cycle 3 apprennent ici à décrypter le langage corporel des autres mais aussi à porter leur attention sur le leur.

Matériel : activité D du carnet élève.

1. Introduction en groupe classe : lire le titre de l'activité (Que dit mon corps quand je ne parle pas ?), puis lancer l'activité.

2. Activité en binômes : identifier les attitudes et trouver la phrase correspondant à la pensée de chacun.

3. Correction en groupe classe : ne pas hésiter à mimer de manière caricaturale chaque attitude pour aider les élèves à identifier le langage corporel. De gauche à droite : *je n'y crois pas, tu m'énerves, quel ennui, quel idiot, je pense à autre chose.*

PROLONGEMENT : dans les jours et les semaines qui suivent, s'entrainer à décrypter, sans jugement, le langage corporel des autres et observer le sien.

Comment faire des messages clairs ?

p. 36-37

Dans le cadre de la communication non violente, la technique du « message clair » améliore la communication, développe l'empathie, mais aussi apprend aux élèves à communiquer de manière non violente et à trouver des solutions sans les adultes. Inspirée des idées de deux psychologues américains, le Dr Haim Ginott puis Thomas Gordon, cette technique a été élaborée par des pédagogues canadiens pour faciliter les relations entre les étudiants puis les élèves. S'il revêt un caractère formel, le message clair s'avère simple à mettre en œuvre et extrêmement efficace. Il se compose habituellement de quatre parties, auxquelles s'ajoutent des précisions (s'isoler pour parler). Nous l'avons combiné ici avec l'expérience sur la communication « klaxon » (séquence précédente) pour que les élèves prennent bien l'habitude de commencer leurs phrases par « je ».

A Apprendre les étapes d'un message clair 30 min

L'activité donne les composantes du message clair.

Matériel : activité A du carnet élève.

1. Introduction en groupe classe : lire le titre de l'activité (Comment faire un message clair ?), puis regarder le début de l'activité et expliciter. Un message clair est une communication entre deux personnes qui permet de régler un problème ou un conflit (on ne s'en sert pas pour une information, un débat, une discussion). Énoncer les six étapes et donner quelques exemples. Préciser que le message clair se fait, idéalement, sur le moment (un(e) élève vient d'en bousculer un autre) mais peut aussi intervenir plus tard (à la fin de la récréation, par exemple).

Le message clair comporte 6 étapes.			
1. J'annonce le message :	*Je vais te faire un message clair.*	*Je voudrais te dire un message clair.*	*J'ai quelque chose à te dire en message clair.*
2. Nous nous isolons pour parler tranquillement, à l'écart des autres.	*Allons dans ce coin.*	*Mettons-nous là.*	*Allons dans le couloir.*
3. J'exprime ce que j'ai ressenti :	*Je n'aime pas*	*Ça m'a fait mal*	*Cela m'a fait de la peine*
4. Je dis ce qui s'est passé :	*quand tu me bouscules pendant la récréation.*	*quand tu m'as poussé dans le couloir et que je suis tombé.*	*quand tu t'es moqué de moi devant tout le monde.*
5. J'explique ce que j'attends :	*Je te demande de faire attention et de ne plus recommencer.*	*J'attends tes excuses et que tu ne le refasses plus.*	*Je te demande de t'excuser et de ne jamais le refaire.*
6. Je vérifie que le message est clair :	*Est-ce que tu m'as comprise ?*	*Est-ce que tu me comprends ?*	*Est-ce que tu comprends ma demande ?*

2. Lancer l'activité.

3. Activité individuelle : chaque élève numérote les étapes d'un message clair de façon à les identifier puis à savoir les appliquer.

4. Activité en binômes : s'entrainer avec son voisin ou sa voisine.

5. Correction en groupe classe :

Situation 1 : 1. Je veux te faire un message clair. 2. S'éloigner dans la cour. 3. Ça m'a énervée. 4. Tu m'as bousculé(e) dans le couloir. 5. Je voudrais que tu t'excuses. 6. Est-ce que tu as compris ?

Situation 2 : 1. Je vais te faire un message clair. 2. Aller au fond de la classe. 3. Cela me fait de la peine. 4. Quand tu te moques de moi. 5. Je voudrais que tu arrêtes. 6. Est-ce que tu as compris ?

Situation 3 : 1. Je vais te dire un message clair. 2. S'éloigner des autres. 3. Cela m'empêche de travailler. 4. Tu fais du bruit quand je travaille. 5. Peux-tu me laisser travailler ? 6. Est-ce que tu as compris ?

6. Retour en groupe classe : sur la base du volontariat, rejouer les saynètes.

7. Conclusion : vérifier que le principe du message clair a été compris.

– Il faut annoncer que l'on souhaite faire un message clair pour que l'autre comprenne notre intention et écoute.

– Il faut s'isoler pour éviter que cela soit humiliant pour l'autre et pour pouvoir parler tranquillement.

– On vérifie que l'autre a compris et on obtient son assentiment sur la demande faite.

PROLONGEMENT : pratiquer le message clair (certains enseignant(e)s acceptent même que, durant un cours, deux élèves se rendent dans le couloir pour un rapide message clair).

B Identifier les situations adaptées au message clair

10 min

Le message clair est un outil de communication efficace pour les petits conflits du quotidien (moquerie, détérioration d'un objet...). En revanche, toute atteinte à l'intégrité ou à la sécurité (harcèlement, objet dangereux, accident...) nécessite l'intervention d'un adulte.

Matériel : activité B du carnet élève.

1. Introduction en groupe classe : lire le titre de l'activité (Dans quels cas faire un message clair ?), puis l'introduction en bleu (*Le message clair permet de régler les petites tensions, pas les gros problèmes*) et lancer l'activité.

2. Activité individuelle : cocher les bonnes réponses.

3. Correction en groupe classe : le message clair convient dans les cas suivants : *À la récréation, un(e) élève s'est moqué de mon nom de famille. Un(e) élève a couru près de moi et m'a bousculé(e) pendant la récréation. Une élève se trompe et prend régulièrement mon cahier à la place du sien.* En revanche, il ne convient pas dans les cas plus graves et/ou dangereux suivants : *Je suis victime d'un harcèlement. Une élève a bousculé les autres dans l'escalier, plusieurs sont tombés. Un(e) élève a apporté un couteau à l'école. Trois élèves m'ont rackettél(e) à la sortie de l'école.*

4. Conclusion : vérifier que les élèves ont bien compris que le message clair ne s'applique qu'aux situations du quotidien, pas aux problèmes graves.

C Apprendre à répondre à un message clair

10 min

Le message clair met fin à une tension, notamment parce qu'il permet à la « victime » d'exprimer sa souffrance, ce qui la soulage et qu'il se concentre sur la recherche d'une solution (arrêter, s'excuser, ne pas recommencer, faire attention), évitant ainsi la surenchère.
L'activité vise à « donner des billes » à l'élève qui reçoit un message clair, de façon qu'il sache réagir. Le plus souvent, faute de surenchère et de caractère accusateur, le message clair aboutit à un accord (compréhension, simple excuse, engagement à ne pas recommencer...).

Matériel : activité C du carnet élève.

1. Introduction en groupe classe : lire le titre de l'activité (Que faut-il répondre à un message clair ?), puis lancer l'activité.

2. Activité individuelle : rechercher la réponse en s'interrogeant soi-même sur sa capacité à répondre ainsi.

3. Correction en groupe classe :

– *Un(e) élève veut me faire un message clair : je prends le temps d'écouter tout de suite* (cela ne prend que quelques instants).

– *Dans le message clair, le plus important c'est : ce qu'a ressenti l'autre* (même si je n'avais pas de mauvaises intentions).

– *Si on me demande de présenter des excuses : je le fais, car l'autre a été blessé(e)* (et cela n'a rien d'humiliant, c'est même la preuve d'une grande maturité que de savoir présenter des excuses si ce que l'on a fait, même sans méchanceté, a été mal vécu par l'autre).

– *Quand on me demande de ne plus recommencer : je fais un effort pour que le conflit s'arrête* (tout le monde a à y gagner).

4. Conclusion : expliquer que, si un message clair n'aboutit pas à une bonne réponse, il faut faire appel à un tiers (un adulte, par exemple, qui peut arbitrer en proposant de réduire la demande ou en incitant le récepteur à la bonne volonté) ou en parler à l'occasion d'un conseil de classe.

D Comprendre les avantages du message clair

10 min

L'activité sert de conclusion à la séquence.

Matériel : activité D du carnet élève.

1. Introduction en groupe classe : lire le titre de l'activité (Quels sont les avantages du message clair ?), puis lancer l'activité.

2. Activité individuelle : identifier les avantages du message clair.

3. Correction en groupe classe : tous les items conviennent ; grâce aux messages clairs : *on règle tout de suite les petits conflits ; on apprend à régler les problèmes par nous-mêmes ; on apprend à régler les problèmes sans violence ; pas de rancune, on s'entend mieux ; c'est simple et c'est rapide ; cela évite que le conflit dégénère.* Les élèves peuvent ajouter leurs propres idées.

Nous sentons-nous exclus ?

p. 38-39

Le sentiment d'exclusion est la perception d'être ignoré(e) ou rejeté(e). Il peut découler d'une situation réelle mais est parfois subjectif (ce qui ne rend pas le ressenti moins réel). Il entraine des émotions négatives telles que la tristesse, l'impression de solitude et la colère, et réduit la confiance en soi. Le fait d'en parler en classe permettra à certains élèves de mettre leurs sentiments en mots et à d'autres de prendre conscience de la situation, voire d'exprimer leur empathie à l'égard de leurs camarades.

A Évaluer son propre sentiment d'exclusion — 10 min

Cette activité invite à une autoperception de son sentiment d'exclusion. Il permet d'évaluer à la fois l'exclusion réelle dont un ou une élève peut se sentir victime, mais aussi une éventuelle trop grande sensibilité, qui peut amener à mal vivre des situations « normales ».

Matériel : activité A du carnet élève.

1. Introduction en groupe classe : lire le titre de l'activité (Est-ce que je me sens parfois exclu/exclue ?), puis lancer l'activité.

2. Activité individuelle : répondre individuellement, en prenant le temps de se projeter dans son expérience et son ressenti (si des élèves ont terminé trop vite, les inciter à relire).

3. Retour en groupe classe : sur la base du volontariat.

PROLONGEMENT :

- débattre en classe sur la réelle inclusion de tous au sein du groupe et sur les améliorations possibles ;
- proposer le questionnaire d'autoévaluation sur l'intégration dans la classe (fiche 11 page 46, à photocopier).

B Identifier ses émotions et ses sentiments en cas d'exclusion — 15 min

L'activité procède de l'autoperception mais travaille sur les émotions et les sentiments vécus.

Matériel : activité B du carnet élève.

1. Introduction en groupe classe : lire le titre de l'activité (Qu'est-ce que je ressens quand je suis exclu/exclue ?), puis lancer l'activité en expliquant qu'il n'y a pas de bonnes ou de mauvaises réponses, seulement des ressentis personnels.

2. Activité individuelle : prendre le temps de réfléchir et de répondre individuellement.

3. Retour en groupe classe : sur la base du volontariat. L'enseignant(e) accueille avec bienveillance toutes les réponses et commente (*c'est normal de se sentir triste, en colère, moi aussi dans cette situation j'éprouverais de la solitude, de la honte*…).
Constater que la durée des émotions varie d'un(e) élève à l'autre (les plus sensibles peuvent être affecté(e)s longtemps).
En fin d'activité, expliquer que les quatre solutions proposées permettent de moins souffrir quand on se sent exclu(e), même si cela ne règle évidemment pas l'exclusion elle-même (mais on peut agir sur ses propres émotions et sentiments) et même si ce n'est pas forcément facile à mettre en œuvre.

4. Conclusion : expliquer que le sentiment d'exclusion est lourd à vivre et qu'il faut apprendre à l'identifier.

PROLONGEMENT : réfléchir sur la manière de mieux inclure tous les élèves pour former un véritable groupe solidaire.

C Appréhender son sentiment d'exclusion lié aux activités en dehors de l'école — 10 min

L'activité permet d'élargir le débat à l'exclusion en dehors de l'école, laquelle peut avoir des conséquences sur la vie de classe.

Matériel : activité C du carnet élève.

1. Introduction en groupe classe : lire le titre de l'activité (Est-ce que je me sens exclu/exclue en dehors de l'école ?), puis lancer l'activité.

2. Activité individuelle : réfléchir et identifier une ou plusieurs situations personnelles.

3. Retour en groupe classe : sur la base du volontariat. Faire la part entre une exclusion réelle (*toute la classe a été invitée à un anniversaire sauf deux élèves*) et le sentiment peut-être erroné d'exclusion (*comme la plupart des autres élèves, on n'a pas été invité à un anniversaire*).

4. Conclusion : comprendre que des élèves peuvent se voir en dehors de l'école sans que cela soit de l'exclusion pour les autres. Faire le lien avec ses propres activités sans tous les camarades de la classe. Indiquer que proposer des activités à presque tous avec quelques exclusions fait souffrir et qu'inviter les quelques « exclu(e)s » à participer ne coute finalement pas grand-chose.

D Évaluer l'éventuel sentiment d'exclusion collectif dans certaines situations

15 min

La classe est incluse dans son environnement : l'école, des évènements et des compétitions avec d'autres écoles du quartier, de la ville, de la région. À cette occasion, des sentiments d'exclusion collective peuvent surgir. Il convient de les identifier, tout en encourageant la compétition fraternelle, la solidarité et la tolérance, la joie de participer et d'être tous ensemble.

Matériel : activité D du carnet élève.

1. Introduction en groupe classe : lire le titre de l'activité (Avons-nous l'impression que notre classe est exclue ?), puis lancer l'activité en précisant qu'elle concerne l'ensemble de la classe en tant que groupe.

2. Échange en groupe classe : échanger sur chaque item et exprimer les conséquences que cela peut avoir sur le fonctionnement de la classe ; chercher, pas à pas, les solutions possibles. Par exemple, une classe physiquement éloignée des autres peut se sentir exclue de l'école, auquel cas il conviendrait, par exemple, d'organiser des activités communes. Accueillir les ressentis, sans moquerie de la part des élèves : un(e) élève peut avoir le sentiment que la classe a été exclue lors d'une activité, et les autres pas. Personne n'a raison ou tort : il s'agit de ressentis différents.

Fiche 11 : autoévaluation sur l'intégration dans la classe

Ce questionnaire est fait pour savoir si les élèves se sentent intégré(e)s dans la classe.
Tes réponses ne seront pas montrées aux autres élèves.

Nom : ______________________ Date : ______________________

Tes impressions

1. As-tu le sentiment de ne pas faire partie de la classe ?
   ❏ jamais ❏ parfois ❏ souvent

2. Le reste de la classe te laisse-t-il parfois à part ?
   ❏ jamais ❏ parfois ❏ souvent

3. Te sens-tu exclu/exclue de certains groupes dans la classe ?
   ❏ jamais ❏ parfois ❏ souvent

À différents moments

4. T'arrive-t-il d'être mis/mise à part durant les activités dans la classe ?
   ❏ jamais ❏ parfois ❏ souvent

5. T'arrive-t-il d'être seul/seule pendant la récréation ?
   ❏ jamais ❏ parfois ❏ souvent

6. T'arrive-t-il de ne pas être intégré/intégrée dans les équipes à l'EPS ?
   ❏ jamais ❏ parfois ❏ souvent

7. T'arrive-t-il de déjeuner seul/seule à la cantine ?
   ❏ jamais ❏ parfois ❏ souvent

8. T'arrive-t-il d'être exclu/exclue des jeux à la sortie de l'école ?
   ❏ jamais ❏ parfois ❏ souvent

p. 40-41

Qu'est-ce que le harcèlement ? (1)

Une étude menée en novembre 2023 auprès des élèves du CE2 à la Terminale sur la base d'un questionnaire d'autoévaluation a confirmé l'ampleur du harcèlement scolaire en France. En particulier, 17 % des écoliers (soit des centaines de milliers d'élèves) souffrent des informations fausses ou malintentionnées à leur sujet, 12 % souffrent de ce que d'autres leur font du mal intentionnellement, 5 % ont « souvent ou très souvent peur d'aller à l'école » à cause d'autres élèves et 19 % se trouvent dans des situations « à surveiller ».

Le harcèlement se définit comme une violence verbale, physique ou psychologique répétée, qui conduit à l'isolement de la ou des victimes, lesquelles ne parviennent pas à se défendre. Il provoque un sentiment d'isolement, de persécution et de honte, pouvant engendrer une dépression et conduire au suicide. Le harcèlement suppose un rapport de domination entre un ou des élèves et une ou plusieurs victimes, de manière répétée et sur la durée, contre lequel la victime ne trouve pas de réponses appropriées.

Les violences peuvent être physiques (coups, pincements, cheveux tirés, bousculades, jets d'objets, bagarres organisées, vols et racket, dégradations de matériel scolaire ou de vêtements, enfermement dans une pièce, voyeurisme dans les toilettes, déshabillage et baisers forcés, gestes déplacés, « jeux » dangereux effectués sous la contrainte...) ou morales (insultes, humiliation, chantage, ostracisme, gestes déplacés, usage de surnoms dévalorisants, moqueries, insultes, menaces, humiliations, chantages, propagations de fausses rumeurs, pratiques discriminatoires, mise à l'écart...).

Le harcèlement se fonde le plus souvent sur le rejet de la différence et la stigmatisation de l'apparence physique, du sexe ou de l'identité de genre (garçon jugé trop efféminé, fille jugée trop masculine), d'un handicap (physique, psychique ou mental), d'un trouble de la communication (bégaiement, bredouillement), de l'appartenance réelle ou supposée à un groupe social ou culturel, des choix et des centres d'intérêt...

A Effectuer un recueil des représentations concernant le harcèlement — 15 min

Cette activité procède du recueil des représentations et permet de détecter un premier vécu des élèves.

Matériel : activité A du carnet élève.

1. Introduction en groupe classe : lire le titre de l'activité (Que sais-je du harcèlement à l'école ?), puis demander aux élèves s'ils savent ce qu'est le harcèlement (sans entrer dans le détail) et lancer l'activité.

2. Activité individuelle : passer dans les rangs pour vérifier que les élèves répondent librement et ne pas faire pression sur un ou une élève qui n'écrit rien (cela peut être le signe d'une situation de harcèlement).

3. Correction en groupe classe : accueillir tous les ressentis et les avis.

– Le harcèlement concerne l'école, le collège et le lycée.

– Quand un(e) élève est harcelé(e), il/elle se fait tout à la fois embêter, « traiter », moquer, bousculer, exclure du groupe, humilier, menacer et intimider.

– Parfois même : il y a des rumeurs sur elle, elle se fait racketter, on jette ses affaires, on la tape.

– Dans le harcèlement à l'école, il y a : de la violence, de la répétition, de l'isolement mais jamais d'humour (même si cela fait rire les harceleurs).

– Chaque élève répond sur son propre vécu de harcèlement.

4. Conclusion : définir le harcèlement comme
1. des violences verbales et/ou physiques contre un ou des élèves
2. de manière répétée
3. et dans la durée (sur une longue période)
4. conduisant à l'isolement de la victime
à ne pas confondre avec un conflit ponctuel.

PROLONGEMENT :

• Interroger les élèves pour savoir s'il y a des cas de harcèlement dans la classe ou dans l'école, mais une réponse négative ne signifie pas qu'il n'y a aucun problème.

• Proposer le questionnaire d'autoévaluation sur le harcèlement (fiche 12 pages 49-50 de ce guide, à photocopier). Il est inspiré de celui distribué par l'Éducation nationale en 2023 mais nous l'avons adapté pour faciliter la réponse des élèves (moins de questions, moins de réponses possibles, des réponses toujours proposées après les questions). Il peut être nominatif ou anonyme (au choix de chaque élève), entièrement ou partiellement rempli. L'enseignant(e) y verra un outil pour détecter d'éventuels problèmes de harcèlement dans la classe, en ayant présent à l'esprit que la peur des représailles peut empêcher certain(e)s élèves de répondre.

B Identifier les personnes concernées par un cas de harcèlement

15 min

Le harcèlement implique trois acteurs : le ou les harceleurs (souvent dirigés par un « leader »), la ou les victimes (généralement des élèves fragiles, discrets et « gentils », que le harceleur envie inconsciemment) et un public (d'autres élèves, témoins admiratifs, amusés, chagrinés ou impuissants). Identifier et nommer le harceleur, la victime et les témoins est un premier pas pour dénouer les situations.

Matériel : activité B du carnet élève.

1. Introduction en groupe classe : lire le titre de l'activité (Qui est concerné par le harcèlement à l'école ?), puis lancer l'activité.

2. Activité individuelle : identifier le harceleur, la victime et les témoins.

3. Correction en groupe classe :

Sur le dessin, il y a un ou deux harceleurs, une victime et de nombreux témoins, qui rient, qui désignent, qui regardent de manière neutre ou se détournent, qui manifestent leur tristesse (empathie) ou leur mécontentement.

PROLONGEMENT : jouer la saynète en imaginant des motifs de harcèlement puis des situations variées. Cette expression concrète peut dénouer la parole sur des cas invisibles de harcèlement.

C Identifier les sujets possibles de harcèlement

15 min

Les « causes » du harcèlement peuvent être difficiles à identifier : le plus souvent, les initiateurs sont des élèves en profond mal-être. En revanche, les « sujets » vecteurs du harcèlement reposent souvent sur des différences physiques ou de genre, des disparités socioculturelles, des difficultés personnelles, des comportements réels ou supposés (chouchou de la maitresse, stupidité...).

Matériel : activité C du carnet élève.

1. Introduction en groupe classe : lire le titre de l'activité (Quels sont les sujets de harcèlement à l'école ?), puis constituer les groupes et lancer l'activité.

2. Activité en petits groupes : identifier des sujets de harcèlement. S'auto-évaluer selon « Quelques règles pour le travail oral en groupe », page 13.

3. Correction en groupe classe : un(e) élève peut se faire harceler par exemple à cause de...

– son apparence : poids, taille, couleur ou type de cheveux, origine ethnique, vêtements, coiffure...

– son genre : une fille, un garçon qui a l'air efféminé, une fille « garçon manqué »,

– un problème de santé : lunettes, appareil dentaire, bégaiement, prothèses dentaires...

– ses capacités, ses gouts : bon élève, peu sportif/sportive, trop sérieux/sérieuse.

Parfois, un(e) élève se fait harceler sans sujet particulier : *On lui dit : T'es bête, t'es nul, tu ne vaux rien, je ne te parle pas, ne me parle pas.*

PROLONGEMENT : en lien avec l'EMC, rappeler l'importance de respecter l'égalité entre tous. Lire l'article 225-1 du Code pénal (ici légèrement aménagé pour être court et compréhensible).

> « Constitue une discrimination toute distinction entre les personnes fondée sur leur origine, leur sexe, leur situation de famille, leur apparence physique, leur nom, leur état de santé, leur handicap, leur manière de vivre, leur âge, leurs opinions, leur appartenance ou non à une ethnie, une race ou une religion. »

D Identifier les lieux possibles d'un harcèlement (lieux physiques et harcèlement numérique)

10 min

Cette activité, plus courte, a pour objectif d'identifier les lieux de harcèlement (en réalité, partout mais toujours en dehors du regard de l'adulte) et les moments (en réalité, tout le temps mais toujours en dehors du regard de l'adulte).

Matériel : activité D du carnet élève.

1. Introduction en groupe classe : lire le titre de l'activité (Où et quand a lieu le harcèlement ?), puis constituer les groupes et lancer l'activité.

2. Activité en petits groupes : échanger et sélectionner les bonnes réponses. S'auto-évaluer selon « Quelques règles pour le travail oral en groupe », page 13.

3. Correction en groupe classe : tous les lieux, dans et en dehors de l'école, se prêtent malheureusement au harcèlement (y compris sur les réseaux sociaux et les jeux vidéo, donc en ligne). Et le harcèlement se caractérise par le fait qu'il a lieu de nombreuses fois/tout le temps, sur plusieurs semaines.

4. Conclusion : rappeler la définition du harcèlement comme

1. des <u>violences</u> verbales et/ou physiques
2. de manière <u>répétée</u>
3. et dans la <u>durée</u> (sur une longue période)
4. conduisant à l'<u>isolement</u> de la victime, à ne pas confondre avec un conflit ponctuel.

harcèlement scolaire
3018
numéro gratuit et anonyme
7j/7 de 9 h à 23 h

Fiche 12 : autoévaluation sur le harcèlement à l'école

Ce questionnaire est fait pour savoir si les élèves se sentent bien dans la classe.
Tes réponses ne seront pas montrées aux autres élèves. Tu n'es pas obligé/obligée d'écrire ton nom.

Nom (si tu veux l'écrire) : ____________________ ❑ fille ❑ garçon Date : __________

Avant d'aller à l'école

1. As-tu peur d'aller à l'école à cause d'un ou plusieurs élèves ?
❑ jamais ❑ parfois ❑ souvent

À l'école

2. Est-ce qu'un ou plusieurs élèves te mettent à l'écart dans la classe ou à la récréation ?
❑ jamais ❑ parfois ❑ souvent

3. Est-ce qu'un ou plusieurs élèves racontent des choses fausses ou méchantes sur toi ?
❑ jamais ❑ parfois ❑ souvent

4. Est-ce qu'on t'appelle avec un surnom que tu n'aimes pas ?
❑ jamais ❑ parfois ❑ souvent

5. Est-ce qu'un ou des élèves se moquent de toi ou t'insultent ?
❑ jamais ❑ parfois ❑ souvent

6. Est-ce qu'un ou plusieurs élèves t'ont déjà fait du mal exprès ?
❑ jamais ❑ parfois ❑ souvent

7. Est-ce qu'un ou plusieurs élèves t'ont déjà menacé(e) (de te faire mal, de te voler tes affaires…) ?
❑ jamais ❑ parfois ❑ souvent

8. As-tu peur d'aller en récréation à cause d'un ou plusieurs élèves ?
❑ jamais ❑ parfois ❑ souvent

9. Est-ce qu'un ou plusieurs élèves t'empêchent de déjeuner tranquillement à la cantine ?
❑ jamais ❑ parfois ❑ souvent

10. Est-ce qu'un ou plusieurs élèves t'embêtent quand tu vas aux toilettes ?
❑ jamais ❑ parfois ❑ souvent

11. Est-ce qu'un ou plusieurs élèves essayent de toucher des parties de ton corps ou de t'embrasser sans que tu dises oui ?
❑ jamais ❑ parfois ❑ souvent

12. Est-ce qu'un ou plusieurs élèves ont déjà volé ou abimé exprès tes affaires ?
❑ jamais ❑ parfois ❑ souvent

13. As-tu au moins un ami ou une amie à l'école ?
❑ oui ❑ non

14. Est-ce que tu as déjà embêté un ou une élève par des moqueries, des rumeurs, des bousculades ?
❑ oui ❑ non

Sur les téléphones, les tablettes, les ordinateurs, les réseaux sociaux, les jeux en ligne...

15. Est-ce qu'un ou plusieurs élèves font circuler des photos ou des messages sur toi sans ton accord ?
❑ jamais ❑ parfois ❑ souvent

16. Est-ce qu'un ou plusieurs élèves t'ont déjà envoyé des messages insultants ou menaçants ?
❑ jamais ❑ parfois ❑ souvent

Comment te sens-tu ?

17. Est-ce que tu te sens triste à cause de ce que tu vis à l'école ?
❑ jamais ❑ parfois ❑ souvent

18. Est-ce que tu as mal à la tête ou mal au ventre à cause de ce que tu vis à l'école ?
❑ jamais ❑ parfois ❑ souvent

19. Est-ce que tu as du mal à t'endormir ou est-ce que tu fais des cauchemars à cause de ce que tu vis à l'école ?
❑ jamais ❑ parfois ❑ souvent

20. Est-ce que tu as du mal à faire tes devoirs à cause de ce que tu vis à l'école ?
❑ jamais ❑ parfois ❑ souvent

21. T'arrive-t-il de te mettre en colère ou de te sentir agressif/agressive sans savoir pourquoi ?
❑ jamais ❑ parfois ❑ souvent

22. Est-ce que tu te sens seul/seule à l'école ?
❑ jamais ❑ parfois ❑ souvent

Si tu as l'impression d'être embêté/embêtée à l'école ou sur Internet

23. Est-ce toujours par le ou les mêmes élèves ? ❑ oui ❑ non

24. As-tu demandé de l'aide à un(e) autre élève ? ❑ oui ❑ non

25. As-tu déjà demandé de l'aide à tes parents ? ❑ oui ❑ non

26. As-tu déjà demandé de l'aide à un adulte de l'école ? ❑ oui ❑ non

Si tu veux ajouter quelque chose...

Qu'est-ce que le harcèlement ? (2)

p. 42-43

Le harcèlement commence généralement par une attaque subite, provoquant un effet de surprise, puis alterne des périodes de menaces et des moments d'apparente détente, ce qui empêche la victime de décrypter la situation. Celle-ci se dénoue quand un tiers rend soudain le « jeu » lisible et permet à la victime de sortir de l'engrenage.

Les réseaux sociaux font que le harcèlement ne se cantonne plus à la sphère scolaire ou périscolaire mais envahit tous les temps et tous les espaces, les harceleurs poursuivant leurs victimes avec des moqueries en ligne, la propagation de fausses rumeurs, la publication de photos ou de vidéos humiliantes et l'envoi de messages injurieux ou menaçants.

Le harcèlement entraine des états anxieux ou dépressifs et des troubles du comportement, chez la victime, mais aussi chez l'agresseur et les témoins. Il détériore le climat de la classe et nuit aux apprentissages. Il se fait souvent discret, passant alors sous le radar de l'équipe éducative et des parents. La lutte contre le harcèlement à l'école est une priorité du ministère de l'Éducation nationale, avec une campagne nationale, la mise en place d'un numéro vert (3018, numéro gratuit, anonyme et confidentiel, ouvert tous les jours même le weekend, de 9 h 00 à 23 h 00), une application mobile et des ressources pédagogiques en ligne sur eduscol.fr.

A Identifier ses émotions et ses sentiments dans un cas de harcèlement

20 min

Cette activité, qui porte sur les émotions des protagonistes d'un harcèlement, apprend aux élèves à identifier leurs propres émotions et les exerce à l'empathie.

Matériel : activité A du carnet élève.

1. Introduction en groupe classe : lire le titre de l'activité (Qu'est-ce que l'on ressent en cas de harcèlement ?), constituer les groupes en tenant compte du fait que des cas de harcèlement peuvent exister, donc en mettant de préférence ensemble des élèves qui s'apprécient ou les élèves qui ont le même caractère (les timides et les discrets ensemble) puis lancer l'activité.

2. Activité en petits groupes : s'identifier à un(e) élève victime, un(e) élève harceleur(se) et des témoins pour tenter de ressentir leurs émotions et les nommer. L'échange en petits groupes favorise l'empathie puisqu'il permet à chacun de partager des expériences personnelles ou d'émettre des hypothèses variées. S'auto-évaluer selon « Quelques règles pour le travail oral en groupe », page 13.

3. Correction en groupe classe : accueillir avec bienveillance les réponses variées (c'est intéressant, pourquoi penses-tu cela ?), puis orienter et rectifier si nécessaire.

– L'élève harcelé(e) ou victime a peur et se sent angoissé(e), isolé(e), effrayé(e), malheureux(se), perdu(e), déprimé(e), nié(e), piétiné(e)…

– Les élèves qui harcèlent se montrent fiers, ils apprécient d'avoir du pouvoir sur les autres. Souvent, ce sont des élèves peu surs d'eux, qui agissent ainsi pour ne pas se sentir inférieurs aux autres. Comprendre cela permet de réduire leur pouvoir de nuisance.

– Les témoins rient ou se montrent indifférents, mais en réalité, ils ont honte, ils ont peur, ils sont gênés, ils se sentent coupables…

4. Conclusion : expliquer que le harcèlement fait du mal à tout le monde : l'élève victime de harcèlement, les élèves harceleurs et les élèves témoins.

B Comprendre les graves conséquences du harcèlement

15 min

Le harcèlement plonge les personnes concernées dans une insécurité permanente et fragilise autant les individus que le groupe.

La loi punit le harcèlement et les violences scolaires. La victime (représentée par son parent ou son tuteur si elle est mineure) peut porter plainte contre le(s) auteur(s) du harcèlement, au moment des faits et jusqu'à 6 ans après. Les auteurs de harcèlement scolaire âgés de plus de 13 ans risquent d'être sanctionnés par des mesures à vocation éducative et/ou des peines relevant du correctionnel.

Matériel : activité B p. 43 du carnet élève.

1. Introduction en groupe classe : lire le titre de l'activité (Quelles sont les conséquences du harcèlement ?), puis répondre collectivement.

2. Activité en groupe classe : pour l'élève victime, le harcèlement entraine de la solitude, du chagrin mais aucun amusement, il peut entrainer l'échec scolaire, de l'angoisse, généralement pas de vengeance (la victime est trop affaiblie pour pouvoir se venger), cela peut occasionner de l'absentéisme et entrainer une dépression.

3. Activité individuelle : reporter les réponses dans le carnet.

4. Activité en groupe classe : pour le reste de la classe, cela crée de l'insécurité, un possible échec scolaire collectif, des angoisses, des conflits, une mauvaise ambiance de classe, de la culpabilité.

5. Activité individuelle : reporter les réponses dans le carnet.

6. Activité en groupe classe : pour les harceleurs, les conséquences peuvent être très graves.

Si l'école met fin rapidement au harcèlement, les harceleurs risquent des sanctions scolaires, un conseil de discipline, une exclusion temporaire (définitive en cas de récidive).

Si l'école n'a pas identifié le harcèlement ou réussi à l'arrêter, la police et la justice (le juge des enfants) devront intervenir, et les harceleurs risquent des mesures éducatives s'ils ont moins de 13 ans (travaux de réparation, placement en foyer ou en famille d'accueil, interdiction de se rendre dans certains lieux, d'entrer en contact avec les victimes, obligation de couvre-feu...) et, à partir de 13 ans, un placement en foyer, de lourdes amendes, voire la prison plus tard...

7. Activité individuelle : reporter les réponses dans le carnet.

8. Conclusion : comprendre que le harcèlement a des conséquences lourdes pour chacun.

C Comprendre comment agir en cas de harcèlement

30 min

L'activité vise à développer les bons comportements et de nouvelles habiletés sociales chez les élèves en cas de harcèlement. Elle permet de faire le point sur plusieurs recours possibles :

- **demander de l'aide : se taire par crainte d'être incompris(e) ou du fait des menaces ne fait qu'empirer la situation ; au contraire, pour sortir de l'isolement dû au harcèlement, il convient de demander de l'aide à des tiers (les autres élèves de la classe, de l'école, surtout si certains sont également victimes de harcèlement) et surtout à des adultes (enseignant(e)s, parents, médecin, psychologue...), sachant qu'un vaste dispositif existe au plan national pour aider les victimes de harcèlement à se faire entendre ;**
- **éviter de répondre aux provocations et ne pas combattre seul(e) : par l'énervement, la colère, l'expression de sa souffrance, de ses émotions (c'est justement ce que recherche le harceleur) ; une attitude calme, légèrement indifférente, privera, au contraire, le harceleur de son sentiment de pouvoir ;**
- **éviter d'aller sur les réseaux sociaux et les lieux de harcèlement en ligne ;**
- **conserver toutes les preuves possibles du harcèlement (par exemple, les messages en ligne) ;**
- **enfin, savoir que l'on peut porter plainte.**

Matériel : activité C du carnet élève.

1. Introduction en groupe classe : lire le titre de l'activité (Que faut-il faire en cas de harcèlement ?), puis constituer les groupes et lancer l'activité.

2. Activité en petits groupes : chercher comment résister au harcèlement si on en est victime. S'auto-évaluer selon « Quelques règles pour le travail oral en groupe », page 13.

3. Retour en groupe classe : accueillir toutes les réponses avec bienveillance puis rectifier si besoin.

– Pour ne pas laisser le harceleur prendre plaisir à faire souffrir : l'élève harcelé(e) essaye de ne pas montrer sa souffrance, se montre indifférent/indifférente...

– Pour ne pas rester isolé(e), l'élève harcelé(e) peut parler à ses camarades, à ses parents, au maitre ou à la maitresse, à un adulte de confiance, à un médecin... Si cela ne suffit pas (les adultes ne savent pas nécessairement comment réagir), la victime se tourne vers une autre personne.

– Si le harcèlement se passe sur les réseaux sociaux : l'élève harcelé(e) peut ne plus aller sur les réseaux sociaux, en parler à ses parents, à un adulte de confiance.

4. Conclusion : si on est victime de harcèlement, il ne faut ni répondre ni garder cela pour soi. Au contraire, il faut faire appel à d'autres, en particulier des adultes, puisque le harcèlement est puni par la loi.

5. Activité en petits groupes : chercher comment résister au harcèlement si on en est témoin. S'auto-évaluer selon « Quelques règles pour le travail oral en groupe », page 13.

6. Retour en groupe classe : accueillir toutes les réponses avec bienveillance puis rectifier si besoin.

– À partir du moment où je suis témoin d'un harcèlement, *je suis responsable de ce qui se passe* mais pas responsable de mettre fin à la situation (à moi seul(e), je ne peux pas y arriver) car il y a une obligation de moyen mais pas de résultats.

– Le mieux est de ne pas s'opposer aux harceleurs (risque d'être soi-même harcelé) mais d'*en parler avec des autres, de demander l'aide d'un adulte*. En revanche, on ne peut pas ne rien dire pour éviter d'être exclu(e) du groupe ou pour éviter d'être victime, soi-même, de harcèlement.

7. Conclusion : expliquer ce qu'est la « non-assistance à personne en danger » (ne pas aider une personne en situation de danger), attitude interdite et punie par la loi (délit pénal puni de cinq ans d'emprisonnement et de 75 000 euros d'amende). Par exemple, si l'on voit quelqu'un en train de se noyer (ou victime de harcèlement), on n'a pas le droit de ne rien faire. Attention, toutefois, la non-assistance à personne en danger a des limites : celui qui intervient ne le fait que s'il n'y a pas de risque pour lui-même ou pour les autres (en cas de noyade, on n'est pas obligé de se jeter à l'eau pour venir en aide, surtout... si on ne sait pas nager). Et en cas de harcèlement, on prévient un adulte mais on ne s'oppose pas soi-même au harceleur.

Comment organiser un conseil de classe ?

p. 44-45

À l'école primaire, le conseil de classe (conseil des élèves, conseil coopératif...) est une instance d'expression, de dialogue, de débat et de décision. Il rassemble les élèves de la classe et leur(s) enseignant(e)s. Il traite de tout ce qui concerne la vie de la classe : son fonctionnement, les règles de vie, les conflits et les problèmes rencontrés, les projets... L'expérience montre que le conseil de classe est un outil efficace pour régler les problèmes, améliorer le vivre ensemble mais également apprendre à débattre, vivre une expérience démocratique et développer son sens des responsabilités envers le groupe.

Cette séquence permet de choisir les modalités du conseil, d'introduire un premier conseil ou de revenir sur une expérience préalable pour la formaliser. Elle peut être traitée avec des allers et retours entre le travail individuel et le travail collectif, ou être entièrement proposée pour une réflexion en groupe classe.

A Comprendre ce qu'est un conseil de classe — 15 min

L'activité permet de poser les grandes lignes du conseil tel que la classe le pratique ou souhaite le pratiquer.

Matériel : activité A du carnet élève.

1. Introduction en groupe classe : lire le titre de l'activité (C'est quoi un conseil de classe ?), puis lancer l'activité individuellement ou poursuivre en classe entière.

2. Activité individuelle : choisir les réponses en fonction de ce que l'on sait déjà ou de ce que l'on pense.

3. Correction en groupe classe :

– s'accorder sur le choix de la dénomination (conseil de classe, conseil de vie de classe, conseil coopératif, conseil des élèves...) ;

– préciser les objectifs propres au conseil de la classe : apprendre à débattre, avoir un temps pour cela, prendre des décisions ensemble, améliorer la vie de classe, apprendre à devenir des citoyennes et des citoyens, prendre en charge la vie de la classe...

– le contenu varie suivant les classes, on peut parler de ce qui va, de ce qui ne vas pas, de l'ambiance de classe, des tensions et des conflits (rappeler la nuance entre les deux, voir page 36 de ce guide), du travail, d'un projet de classe, d'une interrogation à propos de la classe. En revanche, on ne traite à priori pas les sujets étrangers à la vie de la classe (un film qu'on a aimé, un problème familial, un projet de vacances...).

B Identifier les étapes d'un conseil de classe — 20 min

Suivant les classes, le conseil peut comporter :

- **un rappel des règles de fonctionnement, de l'ordre du jour ;**
- **un temps consacré aux félicitations, encouragements et remerciements (qui contribuent à porter un regard positif sur la vie de classe, renforcent le sentiment d'appartenance au groupe, font croitre la tolérance, améliorent l'estime de soi et permettent de pratiquer l'empathie) ;**
- **un passage en revue des décisions prises la fois précédente, de façon à vérifier leur mise en œuvre, ce qui peut amener à proposer des changements ou des améliorations ;**
- **un temps de discussion sur les problèmes à résoudre (chacun mobilise sa créativité) puis d'organisation des solutions à mettre en œuvre (stimulation de la capacité à prévoir, planifier et s'organiser collectivement) ;**
- **un moment réservé à un débat d'idées sur l'amélioration de la vie de classe ;**
- **un temps pour les idées et les suggestions, qui sont mises au débat puis au vote ;**
- **un temps pour les questions entre élèves ou à l'enseignant(e) ;**
- **une conclusion avec l'annonce du conseil suivant.**

Matériel : activité B du carnet élève.

1. Activité en groupe classe : lire le titre de l'activité (Que se passe-t-il lors de nos conseils ?), puis compléter chaque étape.

– On rappelle les règles du conseil.

– On dit des félicitations, des encouragements et des remerciements.

– On passe en revue les décisions prises la fois précédente : si une décision ne fonctionne pas bien, on cherche une nouvelle solution.

– On débat sur les problèmes à résoudre et on cherche des solutions. Les solutions doivent être liées au problème, respectueuses *(ne pas nuire à un ou plusieurs élèves)* et raisonnables *(c'est-à-dire dans la limite du possible et de ce que chacun peut faire)* et elles ne peuvent pas être des sanctions *(une sanction n'est pas une solution à un problème mais le dernier recours quand les solutions n'ont pas fonctionné, et ce n'est pas aux élèves de déterminer les sanctions).* On organise les actions à mener pour la période suivante.

– On discute de nos idées pour la classe.

– Il y a un temps réservé aux questions.

2. Activité en groupe classe : sélectionner et numéroter les étapes de manière personnalisée pour la classe, barrer les autres.

C Connaitre ou formaliser les règles à respecter lors d'un conseil de classe — 30 min

L'activité permet de faire le point sur les conditions pratiques du conseil (régularité, durée, ordre du jour, répartition des tâches) et sur les règles à respecter (distribution de la parole, prise de décision…).

Matériel : activité C du carnet élève.

1. Introduction en groupe classe : lire le titre de l'activité (Quelles sont les règles de notre conseil ?), puis lancer l'activité de manière individuelle ou procéder directement en classe entière.

2. Activité individuelle : identifier les modalités et les règles propres au conseil de la classe.

3. Retour en groupe classe : identifier les règles du conseil ou les décider collectivement :

Règle 1, la régularité : le conseil peut se tenir régulièrement ou à la demande, souvent (cela permet d'être rapide mais peut être chronophage) ou à des intervalles espacés (il dure alors plus longtemps).

Règle 2, la durée : il importe de fixer la durée pour chaque conseil (ici, il peut s'agir d'un intervalle à adapter à l'ampleur de l'ordre du jour).

Règle 3, l'ordre du jour : il permet de déterminer les sujets (en excluant des propositions inopinées, qui sont reportées au conseil suivant) et de gérer le temps (timing prévisionnel pour chaque sujet).

Règle 4, la répartition des tâches : suivant les classes, le conseil peut requérir un(e) président(e) ou un animateur/une animatrice, qui ouvre et clôt le conseil, organise et relance le débat, veille au respect de l'ordre du jour et des règles, distribue la parole ; un maitre ou une maitresse du temps, qui informe le président ou l'animateur quand le temps imparti à un thème est écoulé ; un rapporteur/une rapporteuse, ou un ou une secrétaire, qui prend note des décisions et établit ensuite un compte rendu, archivé dans un lutin, qui permettra de contrôler l'effectivité des décisions prises ; un gardien ou une gardienne de la parole, chargé(e) de distribuer la parole suivant un ordre préalablement établi, ou au gré des demandes, et suivant un timing précis (1 minute par intervention, par exemple). Il convient de déterminer la manière dont ces rôles sont répartis : par le maitre ou la maitresse, par un vote préalable, par roulement, par tirage au sort…

Règle 5, la distribution de la parole : par un gardien ou une gardienne de la parole, par un tour de rôle à main levée ou dans l'ordre des places (en tournant), grâce à une liste sur laquelle on s'inscrit (à l'avance ou en indiquant par un signe au gardien ou à la gardienne de la parole son souhait d'intervenir), par tirage au sort, avec passage d'un bâton de parole…

Règle 6, la prise de décision : par vote à main levée ou vote sur papier (qui permet de voter sans pression) et décision majoritaire, par la recherche d'un consensus (le débat mène à une solution acceptée par tous)… On évite de laisser le choix à une personne (le maitre, la maitresse, un(e) élève), ce qui serait contraire à l'expérience démocratique.

Règle 7 : règles personnelles à déterminer par la classe si nécessaire.

4. Conclusion : récapituler les règles du conseil de la classe.

PROLONGEMENT : créer un panneau ou une fiche reprenant l'ensemble de ces règles.

ORGANISER UN CONSEIL DE CLASSE

– Prévoir différentes étapes avant le conseil : préparer les étiquettes félicitation, encouragement, remerciement, question, idée, problème (fiche 14 page 56 de ce guide, à photocopier) et les mettre à disposition des élèves (prévoir un lieu où les déposer) • dépouiller, éventuellement sélectionner les sujets (qui choisit ? l'enseignant(e), un groupe d'élèves, toute la classe par un vote ?) • organiser les sujets et un ordre du jour • le distribuer.

– Prévoir les responsabilités au sein du conseil : les nommer, tirer au sort, prévoir un tour de rôle ou organiser des élections (les modalités d'organisation et du matériel de vote sont proposés pages 24 à 26 de ce guide).

– Prévoir le matériel nécessaire : l'ordre du jour avec le timing ou la durée prévue pour chaque sujet (fiche 13 page 55, à personnaliser) • le tableau ou des feuilles de brouillon pour prendre des notes • une montre, une pendule, un timer • un bâton de parole, une liste des tours de parole • un lutin avec les comptes rendus des conseils précédents (pour les consulter) • un compte rendu vierge pour noter les décisions prises.

Modèle à adapter (nom du conseil, responsables, étapes…) : fichier texte personnalisable sur hatier-clic.fr/24VdCmag018.

Conseil ....

Classe de : .... Date : .... Horaires : de .... à ....

Président/présidente ou Animateur/animatrice : ....

Gardien/gardienne de la parole : .... Maitre du temps : ....

Secrétaire/Rapporteur/Rapporteuse : ....

Heure/ durée	Étapes	Présentateur, intervenants	Résultat, décisions…
Introduction			
	– Rappel des règles	par …	
	– Rappel des responsabilités	par …	
	– Rappel de l'ordre du jour	par …	
	– Rappel de la durée totale	par …	
Un temps pour			
	– les félicitations		
	– les encouragements		
	– les remerciements		
Bilan du conseil précédent			
	• thème 1 :	par …	
	• thème 2 :	par …	
	• thème 3 :	par …	
Problèmes à résoudre			
	• problème 1 :		
	• problème 2 :		
	• problème 3 :		
Le débat sur			
Un temps pour les questions			
	• question 1 :		
	• question 2 :		
	• question 3 :		
Conclusion			
	Conclusion		
	Prochain conseil (date, sujets…)		

Fiche 14 : des étiquettes à photocopier pour préparer le conseil

Prénom :

Date :

Au prochain conseil, je vais féliciter :

parce que

Prénom :

Date :

Au prochain conseil, je vais encourager :

parce que

Prénom :

Date :

Au prochain conseil, je vais remercier :

parce que

Prénom :

Date :

Au prochain conseil, je vais poser une question :

Prénom :

Date :

Au prochain conseil, je vais parler d'un problème :

Prénom :

Date :

Au prochain conseil, je vais proposer une idée :

Comment mon cerveau fonctionne-t-il ?

p. 46-47

Le cerveau, l'un des organes les plus complexes du corps humain, contrôle la plupart des actions, des pensées et des émotions. Son fonctionnement mental implique notamment :

– la perception, processus par lequel le cerveau interprète les stimuli sensoriels (la vue, le son, le toucher…) pour nous donner une compréhension de notre environnement ;

– la pensée, qui est la capacité à former des idées, des concepts et des plans, compétence qui nous permet de résoudre des problèmes, de prendre des décisions et de planifier l'avenir ;

– la mémoire, qui est la capacité du cerveau à stocker et à rappeler des informations ;

– l'attention, capacité de se concentrer sur un stimulus ou une tâche, en ignorant les distractions ;

– le langage, qui permet de comprendre et de produire la parole, la lecture, l'écriture et de former des concepts abstraits.

Ces processus impliquent chacun différentes parties du cerveau et sont interconnectés.

Au cycle 3, les élèves ont intégré que le cerveau est le centre de la pensée (par abus de langage, pour certains, le cœur reste celui des sentiments).

A Se représenter le cerveau dans son fonctionnement

15 min

Au cycle 3, les élèves n'identifient pas encore l'aspect physique du cerveau, ce qui n'est d'ailleurs pas l'objet de l'activité. Celle-ci vise, au contraire, à exprimer une représentation subjective et métaphorique du cerveau suivant la manière dont on se représente son fonctionnement : une machine, des engrenages, un super ordinateur, un véhicule, une équipe de football, un super magicien, un superhéros…

Matériel : activité A du carnet élève.

1. Introduction en groupe classe : lire le titre de l'activité (À quoi mon cerveau ressemble-t-il ?), puis la phrase en bleu (*Mon cerveau me permet de penser, de parler, de ressentir des émotions, de bouger toutes les parties de mon corps, de comprendre le monde et d'agir*) et lancer l'activité en précisant bien qu'il ne s'agit pas d'un dessin de sciences mais d'une représentation de la manière dont on imagine le cerveau et son fonctionnement.

2. Activité individuelle : dessiner librement ; l'enseignant(e) passe dans les rangs pour aider les élèves qui ne savent pas dessiner, non pas pour les orienter mais pour leur poser des questions (*Pour toi, à quoi sert le cerveau ? Que fait-il ? Comment agit-il ? Cela te fait penser à quoi d'autre ?*).

3. Retour en groupe classe : sur la base du volontariat, partager les idées, pas forcément le dessin (pour ne pas pénaliser les dessinateurs peu inspirés) et écouter dans la bienveillance (on a demandé à chacun de représenter « son » idée).

PROLONGEMENT : organiser une recherche sur Internet pour « voir » à quoi, physiquement, le cerveau ressemble.

B Comprendre que le cerveau fonctionne en permanence

15 min

Faute de connaissances scientifiques suffisantes, les élèves de cycle 3 ignorent encore, pour beaucoup, que le cerveau pilote les actions conscientes mais aussi l'activité inconsciente et automatique de notre corps (respiration, battement du cœur, circulation du sang, réparation et renouvèlement permanent…) : le cerveau ne s'arrête donc jamais !

Matériel : activité B du carnet élève.

1. Introduction en groupe classe : lire le titre de l'activité (Quand est-ce que mon cerveau fonctionne ?), puis constituer les groupes et lancer l'activité.

2. Activité en petits groupes : débattre et donner son avis. S'auto-évaluer selon « Quelques règles pour le travail oral en groupe », page 13.

3. Activité individuelle : cocher librement ses propres réponses après l'échange.

4. Correction en groupe classe : le cerveau fonctionne évidemment *quand on travaille, quand on apprend, quand on réfléchit, mais aussi quand on joue* (pour ne pas faire n'importe quoi), *quand on marche* (c'est lui qui nous fait mettre les pieds l'un devant l'autre) et *quand on fait du sport, quand on mange* (il nous fait mâcher, avaler et digérer), *quand on rêve* (que ce soit une rêverie éveillée ou un rêve nocturne, il produit des idées, des images…), et même *quand on dort*, ne serait-ce que parce qu'il dirige le cœur, la respiration…

5. Conclusion : le cerveau fonctionne tout le temps, même la nuit.

C Identifier les besoins du cerveau pour bien fonctionner

15 min

Le cerveau fonctionne comme une « machine » qui a besoin d'énergie (il la trouve dans notre alimentation) et d'autres éléments.

Matériel : activité C du carnet élève.

1. Introduction en groupe classe : lire le titre de l'activité (De quoi mon cerveau a-t-il besoin pour bien fonctionner ?), puis lancer l'activité.

2. Activité individuelle : choisir les besoins du cerveau en coloriant le « petit bonhomme cerveau ».

2. Activité individuelle : entourer les émotions qui peuvent aider à apprendre.

3. Correction en groupe classe :

– comme le corps, le cerveau a besoin de repos pour se rétablir, se ressourcer, retrouver son énergie et son dynamisme (les élèves ressentent la fatigue après une évaluation) ;

– le cerveau a besoin de stimulation (lecture, jeux) et de découverte, sinon, il s'ennuie et il perd en performance ;

– le cerveau a besoin de l'activité physique du corps pour évacuer le stress, le trop-plein d'énergie (mieux se concentrer ensuite) et pour l'apport en oxygène ;

– le cerveau n'a pas besoin de stress, d'angoisse (et c'est la seule image à ne pas colorier), cela nuit à son équilibre, à notre capacité à réfléchir ;

– le cerveau a besoin d'énergie pour fonctionner correctement (il la trouve dans notre alimentation, les bananes mais pas seulement !) ;

– le cerveau a besoin de divertissement (un puzzle, un jeu), pour se détendre ; en outre, de nombreux jeux (comme les puzzles, les jeux de société…) le détendent et le stimulent en même temps ;

– le cerveau a besoin d'échanges sociaux (à long terme, l'isolement nuit à la capacité à réfléchir) ;

– le cerveau a besoin de sérénité, de détente, de « tranquillité d'esprit » pour bien fonctionner (les problèmes, les soucis empêchent d'apprendre, de bien réfléchir) ;

– le cerveau a besoin d'eau (et oui, on réfléchit moins bien avec un cerveau déshydraté) ;

– le cerveau a besoin de rire, de s'amuser, car cela produit en lui des substances dont il a besoin pour fonctionner au mieux.

Passer en revue les émotions pour trouver celles qui aident à apprendre : la joie mais pas la colère, la sérénité, la tendresse, l'émerveillement mais ni le stress ni la peur.

4. Conclusion : comprendre que tous les cerveaux ont un fonctionnement de base identique, avec les mêmes besoins.

D Prendre conscience de son fonctionnement personnel face aux apprentissages

15 min

Les cerveaux ont tous les mêmes besoins de base. Mais tous sont également très différents. Face aux apprentissages, chacun, par son caractère et ses expériences, développe des stratégies qui lui sont propres pour faire, comprendre, traiter et retenir l'information.

Cette partie (orange) du carnet de l'élève et du guide pédagogique vise à la fois à identifier ses propres stratégies de fonctionnement et d'apprentissage, et à en expérimenter d'autres pour développer sa palette d'outils.

Matériel : activité D du carnet élève.

1. Introduction en groupe classe : lire le titre de l'activité (Comment je m'y prends pour apprendre ?), puis lancer l'activité en proposant aux élèves d'imaginer un jeu de ballon qu'ils et elles ne connaissent pas encore, par exemple le beach-volley (volleyball de plage, désormais discipline olympique qui se pratique comme le volley, avec deux équipes et un ballon à faire passer par-dessus un filet de façon qu'il atterrisse dans la zone de l'équipe adverse ; ici, les équipes jouent sur du sable, ce qui demande plus de muscles pour se déplacer). Rappeler qu'il n'y a pas de bonnes ou de mauvaises réponses, il s'agit d'identifier ses propres façons de procéder.

2. Activité individuelle : travail d'auto-observation pour identifier ses façons de faire habituelles. Inciter les élèves qui répondent trop vite à reprendre pour s'imaginer concrètement chaque manière de faire.

3. Retour en groupe classe : sur la base du volontariat, bien passer en revue toutes les façons de faire pour les expliciter. Certains préfèreront les échanges verbaux (explication, questions), d'autres les apprentissages solitaires (lire les règles, regarder des vidéos, essayer tout seuls), d'autres l'observation pratique (regarder les autres jouer) ou l'expérimentation immédiate (s'y mettre tout de suite pour comprendre après, s'entrainer seuls…). On accueille avec bienveillance si un(e) élève répond qu'il ou elle ne veut rien faire du tout : « Mon cerveau n'a pas envie ! ».

4. Conclusion : prendre conscience que les cerveaux sont tous différents et qu'il est important de connaitre le sien.

PROLONGEMENT : regarder en classe la vidéo *Un cerveau en pleine forme* https://mybrainrobbie.org/fr/#av_section_2, réalisée sous la direction du Dr Éléonore Bayen, neurologue, médecin à l'hôpital de la Pitié-Salpêtrière et maitre de conférences à la Sorbonne Université.

Mieux se connaitre pour mieux apprendre

p. 48-49

Après avoir identifié leur propre vision du cerveau, son mode de fonctionnement et ses besoins, et procédé à une première approche des stratégies d'apprentissage possibles, les élèves entrent ici dans le cœur du sujet : mieux se connaitre pour mieux apprendre. Comprendre ses forces, ses faiblesses et ses préférences d'apprentissage permet de choisir ses propres stratégies et d'en développer de nouvelles, pour apprendre de manière toujours plus efficace. Cela contribue à renforcer la confiance en soi et la motivation, et participe à la gestion du stress. Pour permettre une prise de conscience et une compréhension de son propre fonctionnement, cette séquence comme les suivantes invite à pratiquer l'auto-observation et l'autoréflexion.

A Prendre conscience de ses préférences de fonctionnement face aux apprentissages — 15 min

L'activité amène à réfléchir sur ses gouts, lors des apprentissages. Bien souvent, ce que l'on aime faire va de pair avec ce qui fonctionne, car la réussite est gratifiante.

Matériel : activité A du carnet élève.

1. Introduction en groupe classe : lire le titre de l'activité (Qu'est-ce que j'aime ?), puis lancer l'activité en rappelant qu'il n'y a pas de bonnes ou mauvaises réponses et qu'il faut juste trouver comment on fonctionne.

2. Activité individuelle : entourer les activités que l'on aime, en dehors de l'école puis à l'école.

Barrer celles que l'on n'aime pas. Puis chercher ce qui est commun à ce que l'on aime.

Passer dans les rangs pour aider les élèves qui le souhaitent à identifier les points communs dans les activités appréciées ou non, et respecter la discrétion de celles et ceux qui ne veulent pas montrer leurs réponses.

En dehors de l'école	À l'école ou pour l'école
dessiner • travailler • faire du sport	maths • français • anglais • sciences • histoire
lire • faire de la musique • voyager	EPS • géographie • EMC
rêver • écouter de la musique	enseignement artistique
jouer au ballon • regarder la télé • jardiner	...
fabriquer des choses	réciter • apprendre une poésie
dormir • me promener • manger	préparer un exposé • apprendre
jouer à des jeux de société	comprendre • faire des exercices
jouer à des jeux que j'invente • ranger	écrire • découvrir
me déguiser • voir mes amis/amies	écouter • faire des recherches
...	recopier • expliquer à quelqu'un
	...

3. Retour en groupe classe : sur la base du volontariat et sans jugement de la part de l'enseignant(e).

4. Conclusion : comprendre que se connaitre, connaitre ses gouts et son cerveau permet de mieux fonctionner.

B Identifier son fonctionnement personnel face aux apprentissages — 20 min

Il s'agit, ici encore, d'une auto-observation menant à une prise de conscience des stratégies personnelles d'apprentissage.

Matériel : activité B du carnet élève.

1. Introduction en groupe classe : lire le titre de l'activité (Qu'est-ce que je préfère pour faire mes devoirs ?), puis lancer l'activité en rappelant qu'il n'y a pas de bonnes ou mauvaises réponses et qu'il faut simplement identifier comment personnellement on fonctionne.

2. Activité individuelle : cocher, compléter, entourer.

3. Retour en groupe classe : sur la base du volontariat et sans jugement de la part de l'enseignant(e). Apporter des précisions :

– travailler dans son lit n'est pas une bonne idée, essen-

tiellement parce que, quand on se couchera, le cerveau ne saura pas qu'il s'agit d'un lieu pour travailler ou pour dormir;
– éviter de réviser juste avant de dormir (privilégier, au contraire, la détente pour éviter le stress et être en bonne forme le lendemain) et pendant la récréation (conçue, elle aussi, pour la détente: faire du zèle et trop réviser fatigue le cerveau qui, ensuite, n'est pas disponible pour les activités qu'on lui demande).

C Identifier son fonctionnement face à une difficulté d'apprentissage

10 min

Là encore, les élèves sont amené(e)s à réfléchir sur leurs stratégies habituelles, cette fois face à une difficulté ou un échec.

Matériel: activité C du carnet élève.

1. Introduction en groupe classe: lire le titre de l'activité (Que se passe-t-il quand je n'y arrive pas?), puis lancer l'activité en rappelant qu'il n'y a pas de bonnes ou mauvaises réponses et qu'il faut simplement identifier son fonctionnement personnel.

2. Activité individuelle: colorier les réponses personnelles de la manière la plus honnête possible.

3. Retour en groupe classe: sur la base du volontariat. Accueillir les réponses avec bienveillance: c'est normal d'avoir envie de pleurer, de se décourager, de s'énerver, de laisser tomber quand on n'y arrive pas (mais il faudra trouver progressivement une autre stratégie, car celle-ci n'est pas efficace). On pourra aussi modérer les « stakhanovistes » qui persévèrent au-delà du raisonnable.

Se connaître mutuellement pour mieux apprendre ensemble

p. 50-51

Le groupe classe offre un environnement d'apprentissage dynamique où les stratégies individuelles et les méthodes collectives se complètent. Il favorise l'interaction, la collaboration, le partage de connaissances et la diffusion de la motivation. La séquence intègre ici des approches variées pour exploiter cette dynamique de groupe.

A Si on le souhaite, partager avec la classe ses éventuelles difficultés ou son handicap 15 min

Cette activité est l'occasion, pour les élèves qui le souhaitent, de partager avec la classe leurs éventuelles difficultés, voire leur handicap.

L'autisme est un trouble neurodéveloppemental (il affecte le développement du cerveau) dû à une combinaison de facteurs héréditaires et environnementaux, qui impacte la manière dont une personne perçoit le monde qui l'entoure et interagit avec lui. Il se caractérise par des difficultés dans les relations sociales, des comportements répétitifs et des problèmes de communication. Il n'existe pas de traitement pour l'autisme.

Le TDAH (trouble du déficit de l'attention avec ou sans hyperactivité) est un trouble neurodéveloppemental qui se caractérise par des difficultés à maintenir son attention (faible concentration, difficulté à suivre des instructions, distraction, désorganisation), une forte impulsivité (agitation, impatience, agissements irréfléchis). Les personnes qui souffrent de TDAH voient leur qualité de vie améliorée par des thérapies comportementales, certaines règles de vie et des traitements médicamenteux.

Les troubles DYS (dyspraxie, dyslexie, dyscalculie…) sont des troubles d'apprentissage d'origine neurologique qui se traduisent par des difficultés dans la reconnaissance des sons et des mots, la capacité à comprendre et à manipuler les nombres, ou encore la coordination motrice. Certaines personnes DYS voient leur performance améliorée par la rééducation.

Vocabulaire : pour ne pas définir les personnes par leur handicap ou leur trouble, on ne parle pas d'« autistes » ou de « dyslexiques » mais de « personnes avec autisme », d'« élèves souffrant de dyslexie »…

Matériel : activité A du carnet élève.

1. Introduction en groupe classe : lire le titre de l'activité (Certains ont-ils des difficultés qui gênent les apprentissages ?), puis lancer l'activité.

2. Activité individuelle : réponses individuelles facultatives.

3. Retour en groupe classe : commencer par demander à la classe d'accueillir avec bienveillance tout ce que les camarades auront envie de confier.

Le carnet suggère quelques difficultés (*mauvaise vue, migraines*) et handicaps (*dyspraxie, dyslexie, hyperactivité et autisme*). Sur la base du volontariat, les élèves disent ce qu'ils en savent, témoignent de ces situations dans leur entourage, voire font part de leur propre situation. Élargir éventuellement à d'autres difficultés et handicaps.

Si des élèves témoignent, poser des questions avec bienveillance : ça fait quoi ? Ça te gêne quand ? Comment ?

Collectivement, s'interroger sur ce qui peut être mis en œuvre pour soutenir les camarades en difficulté.

PROLONGEMENT : si des actions de soutien sont prévues par la classe, les mettre en place pour procéder à un retour d'expérience régulier.

B Énoncer ce que l'on sait des autres et prendre conscience de ce qu'ils savent de nous 20 min

L'activité est l'occasion d'un dialogue avec son voisin ou sa voisine, de manière à partager ce que l'on croit savoir de lui ou d'elle et ce qu'elle ou il est en réalité. Un lien peut être établi avec une séance de vocabulaire qui permettra de (re)découvrir des adjectifs : expansif(ve), introverti(e), timide, bruyant(e), réservé(e), calme, autonome, indépendant(e), dépendant(e), stressé(e), enthousiaste, attentif(ve), distrait(e), dissipé(e), persévérant(e), débrouillard(e), calme, ponctuel(le)…

Matériel : activité B du carnet élève.

1. Introduction en groupe classe : lire le titre de l'activité (Est-ce que je connais les autres ? Et me connaissent-ils ?), puis présenter l'activité en précisant que chacun doit exprimer librement sa vision de l'autre (avec sérieux, pas pour faire plaisir à son voisin ou sa voisine), dans des termes bienveillants (possibilité de faire le lien avec la communication « klaxon », voir page 41 de ce guide : préférer « j'ai l'impression que tu », « je te vois comme » à « tu es »).

2. Activité en binômes : exprimer librement sa description ou s'appuyer sur les adjectifs proposés dans le carnet.

3. Retour en groupe classe : sur la base du volontariat, en privilégiant les points positifs découverts lors de cette activité.

4. Conclusion : comprendre que la diversité fait la richesse de la classe (si tous les élèves avaient la même taille, la même allure, les mêmes capacités, les mêmes gouts, ce serait extrêmement ennuyeux).

C Identifier les besoins pour optimiser les conditions de travail de la classe

30 min

L'activité permet de déterminer et partager ses souhaits personnels, puis de procéder à des choix collectifs.

Matériel : activité C du carnet élève.

1. Introduction en groupe classe : lire le titre de l'activité (De quoi cette classe a-t-elle besoin pour bien travailler ?), puis lancer l'activité.

2. Activité individuelle : entourer, cocher, indiquer le plus fidèlement possible ses préférences personnelles.

3. Retour en groupe classe : recueillir et compter les choix pour déterminer les conditions de travail idéales dans la classe. Accueillir tous les choix avec bienveillance mais rectifier les éventuelles erreurs.

nombre d'élèves	besoin pour travailler	gêne	décision
lumière naturelle	*… élèves*	*… élèves*	on ne peut agir directement sur la lumière
calme	*… élèves*	*… élèves*	la majorité de la classe souhaite…
pluie	*… élèves*	*… élèves*	on ne peut agir sur la pluie, mais c'est vrai que ce bruit peut aider à travailler (voir page 124)
lumière électrique	*… élèves*	*… élèves*	la majorité de la classe souhaite…
ne pas être interrompu(e)	*… élèves*	*… élèves*	la majorité de la classe souhaite…
chants des oiseaux	*… élèves*	*… élèves*	on ne peut agir directement sur le chant des oiseaux
télévision	*0 car on n'a pas « besoin » de télévision pour travailler (mais on peut apprécier)*	*… élèves*	cette question ne concerne que la maison mais attention, la télévision a tendance à gêner plus qu'à aider à se concentrer.
silence	*… élèves*	*… élèves*	la majorité de la classe souhaite…
voisin(e) concentré(e)	*… élèves*	*… élèves*	la majorité de la classe souhaite…
réponse rapide à mes questions	*… élèves*	*… élèves*	la réponse peut être traitée individuellement : certains élèves restent bloqués quand ils ont une question en tête.
musique	*0 car on n'a pas « besoin » de musique pour travailler (mais on peut apprécier)*	*… élèves*	cette question ne concerne que la maison mais attention, la musique a tendance à gêner plus qu'à aider à se concentrer (sauf sons pour masquer le bruit ambiant, voir page 124).
agitation	*… élèves*	*… élèves*	la majorité de la classe souhaite…
bruit	*… élèves*	*… élèves*	la majorité de la classe souhaite…

4. Conclusion : mettre en œuvre les conditions de travail favorables à la majorité des élèves.

5. Retour en groupe classe : recueillir les choix pour la suite des questions.

préférence					décision
travail	seul/seule : *… élèves*	en petits groupes : *… élèves*	tous ensemble : *… élèves*		en tenir compte dans les travaux de classe
Je déteste quand certains	ne respectent pas les règles : *… élèves*	ne respectent pas les autres : *… élèves*	veulent tout le temps parler : *… élèves*		prendre collectivement conscience que certains comportements peuvent gêner le travail des autres
Quand le maitre ou la maitresse pose des questions,	j'ai très envie de répondre : *… élèves*	je n'ose pas trop répondre : *… élèves*	je préfère écouter les réponses : *… élèves*	je n'ai pas le temps de répondre : *… élèves*	prendre conscience des conséquences de certains comportements sur les autres

6. Conclusion : réfléchir à ce que l'on peut mettre en œuvre pour améliorer les conditions de travail pour tous.

Connaitre sa mémoire pour mieux apprendre (1)

p. 52-53

La mémoire ne se situe pas dans un emplacement spécifique du cerveau, qui y stockerait les souvenirs. Au contraire, elle est une fonction cérébrale qui mobilise de nombreux circuits et systèmes interconnectés. Elle obéit à trois fonctions : enregistrer des informations et des expériences, les conserver le plus longtemps possible puis les rappeler et les restituer au moment opportun. La mémoire joue un rôle essentiel dans notre identité, notre perception du monde et notre capacité à apprendre et à nous adapter.

Une partie de notre mémoire est consciente : nous la sollicitons pour retrouver un fait, un lieu, une date... Une autre partie est inconsciente : elle nous permet d'exécuter les tâches habituelles comme marcher, manger avec une fourchette, lire, nager, faire du vélo... sans y penser. C'est elle également qui s'impose à nous quand une information, une situation nous ramène soudain à un souvenir. Comme la mémoire procédurale, la mémoire inconsciente est particulièrement résistante dans le temps.

Enfin, une partie de la mémoire est immédiate (on se souvient du mot, de la phrase que le maitre vient de prononcer), tandis qu'une autre fonctionne à long terme (on se souvient d'une poésie apprise il y a très longtemps).

A Appréhender l'importance de la mémoire — 15 min

L'activité a pour objectif de comprendre que la mémoire est indispensable : nous la sollicitons en permanence. Suffirait-il de chercher l'information sur Internet ? Encore faudrait-il se souvenir des modalités d'utilisation d'Internet et même de son existence...

Matériel : activité A du carnet élève.

1. Introduction en groupe classe : lire le titre de l'activité (À quoi sert la mémoire ?), puis lancer l'activité en rappelant que les réponses sont personnelles.

2. Activité individuelle : réfléchir et répondre.

3. Retour en groupe classe : sur la base du volontariat pour la première partie, mais si l'ensemble des élèves acceptent de répondre, on peut compter pour voir quelles réponses obtiennent le plus de voix.

4. Correction en groupe classe : pour la deuxième partie...

– *manger* : manger est instinctif (les bébés le font spontanément dès la naissance), mais la mémoire est nécessaire pour savoir quoi manger (identifier ce qui est comestible) et comment le faire (fourchettes, main...) ;

– *dormir* : pas de mémoire nécessaire, c'est instinctif, c'est la seule « activité » présentée ici qui ne demande pas de mémoire ;

– *circuler dans la rue* : il faut de la mémoire pour savoir marcher (mémoire procédurale), reconnaitre le trottoir, savoir que les voitures sont dangereuses mais ne pas s'enfuir en les voyant, identifier et comprendre la signalétique...

– *comprendre un épisode d'un dessin animé* : la mémoire est nécessaire pour comprendre la langue, reconnaitre les personnages, comprendre l'histoire...

– *discuter avec un camarade* : la mémoire permet de comprendre la langue, savoir de quoi on parle, reconnaitre les camarades...

– *jouer dans la cour de récréation* : la mémoire permet de connaitre le jeu, ses règles, la manière de procéder (comment lancer dans le ballon)...

5. Conclusion : la mémoire est nécessaire pour la quasi-totalité des activités de la vie courante : on ne peut pas s'en passer.

manger — dormir — circuler dans la rue — comprendre un épisode d'un dessin animé — discuter — jouer

B Se représenter la mémoire

15 min

Comme dans la fiche sur le cerveau (page 46 du carnet de l'élève), il ne s'agit pas ici de représenter scientifiquement la mémoire (ce qui, d'ailleurs, ne se peut) mais de figurer comment on se la représente de manière métaphorique et personnelle.

Matériel : activité B du carnet élève.

1. Introduction en groupe classe : lire le titre de l'activité (Comment est la mémoire ?), puis lancer l'activité en précisant bien qu'il n'y a pas de bonne et de mauvaise représentation, il s'agit de figurer très librement ce que la mémoire représente pour chacun.

2. Activité individuelle : représentation individuelle. Si un(e) élève bloque, on tâche de l'aider en le faisant verbaliser, sans l'influencer (*Comment imagines-tu ta mémoire ? À quoi sert-elle ? Que contient-elle ? À quoi cela te fait-il penser ?*).

3. Retour en groupe classe : sur la base du volontariat. Possibilité d'ajouter des suggestions : une boite, un panier, un coffre-fort, un livre, un ordinateur, un fossé que l'on remplit, une barque...

C Identifier la mémoire de travail et son fonctionnement

25 min

La mémoire immédiate est une mémoire de courte durée (quelques secondes), qui permet de retenir simultanément et sur l'instant quelques courtes informations. Cette mémoire est sans cesse sollicitée (prendre le cahier indiqué dans son sac, utiliser la couleur demandée pour souligner...). La mémoire de travail diffère de la mémoire immédiate en ce qu'en plus de retenir l'information, elle la traite : elle stocke et manipule en même temps. Elle permet ainsi de retenir des mots le temps de les classer dans l'ordre alphabétique, de remettre trois chiffres en ordre croissant, d'effectuer une addition de tête, d'aller chercher des yaourts en tenant compte des parfums souhaités par les copains, de réaliser un gâteau en suivant une recette (lire, sortir les ingrédients, effectuer les manœuvres demandées...). La mémoire de travail s'active en permanence mais se trouve rapidement surchargée : elle retient des informations limitées (7 ± 2 informations) pour une durée courte (20 à 30 secondes), le temps de comprendre, analyser et, éventuellement, réaliser.

Matériel : activité C du carnet élève.

Activité C1

1. Introduction en groupe classe : lire le titre de l'activité (Comment ma mémoire de travail fonctionne-t-elle ?), puis annoncer l'activité.

2. Activité en groupe classe : quand les élèves sont prêts, dire sans s'arrêter : **5 • 2 • 12 • 30 • 25 • 84 • 5.**

3. Activité individuelle : écrire dans son carnet.

4. Activité en groupe classe : poursuivre sans corriger pour le moment. Quand les élèves sont prêts, écrire au tableau puis effacer rapidement : **g • k • e • p • s • z • r.**

5. Activité individuelle : écrire dans son carnet.

6. Correction en groupe classe : vérifier les deux listes...
– 5 • 2 • 12 • 30 • 25 • 84 • 5.
– g • k • e • p • s • z • r.
Constater que les réponses varient selon les élèves (on n'a pas tous la même mémoire) et selon l'exercice (certain(e)s retiennent plus facilement ce qui est dit, d'autres ce qui est écrit).

7. Conclusion : il existe une « mémoire immédiate » semblable à une flaque d'eau dans laquelle on jette un caillou : cela laisse des traces qui disparaissent rapidement.

Activité C2

1. Activité en groupe classe : annoncer l'activité. Quand les élèves sont prêts, leur demander de classer dans l'ordre alphabétique les mots suivants, que l'on énonce rapidement : **girafe • koala • poule • zèbre • dindon.**

2. Activité individuelle : écrire dans son carnet.

3. Correction en groupe classe : dindon, girafe, koala, poule, zèbre. Constater que certains ont oublié des mots, d'autres se sont souvenus de tout mais se sont trompés dans l'ordre alphabétique, d'autres ont réussi, d'autres ont bloqué en cours de route (on n'a pas tous la même mémoire).

4. Nouvelle activité en groupe classe : annoncer l'activité. Quand les élèves sont prêts, demander aux élèves d'additionner dans leur tête les deux premiers chiffres et de soustraire le troisième, et de n'écrire que le résultat (pas les nombres énoncés). Puis dire rapidement : **12 • 5 • 8.**

5. Activité individuelle : écrire dans son carnet.

6. Correction en groupe classe : 9 (12 + 5 = 17, 17 – 8 = 9). Constater que les élèves ont différemment réussi, bloqué en cours de route, oublié un chiffre... (on n'a pas tous la même mémoire).

7. Conclusion : comprendre que la « mémoire de travail » est plus qu'une simple mémoire immédiate : elle retient les informations et les traite en même temps.

Activité C3

1. Énoncé en groupe classe : annoncer l'activité et demander le silence total (pas de question au voisin…). Quand les élèves sont prêts, dire très vite : « **Calcule 15 + 8 – 3 ; entoure le résultat en bleu ; remets par ordre alphabétique les mots • coq • Jupiter • bus ; puis écris le nom de trois villes françaises.** »

2. Activité individuelle : écrire dans son carnet. Sans doute y a-t-il des récriminations sur le fait que c'est trop, trop difficile (c'est justement l'objectif de l'activité).

3. Correction en groupe classe : (20) (entouré en bleu), bus, coq, Jupiter ; Paris, Marseille, Lille – ou trois autres villes françaises.

4. Retour en groupe classe : constater que les élèves ont sans doute réussi une partie de l'activité et pas tous la même. Rassurez les élèves sur le fait que l'objectif n'était pas qu'ils réussissent l'activité mais de leur montrer que la mémoire de travail a des limites.

5. Conclusion : l'activité montre que, quand on lui donne trop d'informations, la mémoire de travail fait un bug.

PROLONGEMENT : dans les jours et les semaines qui suivent, au cours des activités, demander aux élèves d'identifier les situations où ils utilisent leur mémoire de travail.

D Apprendre à entrainer sa mémoire de travail — 20 min

La mémoire de travail est un peu comme un muscle (la métaphore est contestable mais parlante) : on peut l'entrainer et la développer par des exercices et des jeux.

Matériel : activité D du carnet élève.

1. Introduction en groupe classe : lire le titre de l'activité (Comment entrainer ma mémoire de travail ?), puis décrire plusieurs manières d'entrainer la mémoire de travail.

– Le calcul mental mobilise la mémoire immédiate et la capacité de calcul : encourager les élèves à le pratiquer (pour la mémoire mais aussi pour les progrès en calcul).

– Épeler des mots à l'envers mobilise la mémoire immédiate (retenir le mot et la façon dont il s'écrit) et le travail du cerveau (mettre cela à l'envers) : proposer quelques mots en progressant dans la difficulté, par exemple âne, bras, moitié, assurance…

– Le jeu du N-back, qui se joue seul, à 2 (1 qui fait défiler les cartes et sert d'arbitre, 1 qui joue) ou à plusieurs (chacun son tour). Lancer une première partie collective.

2. Activité en petits groupes : proposer aux élèves de jouer par petits groupes.

3. Retour en groupe classe : retour d'expérience.

4. Activité individuelle : choisir personnellement la ou les méthodes que l'on souhaite utiliser.

PROLONGEMENT :

• fabriquer un jeu de N-back (fiche 15 page suivante) ;

• dans les jours et les semaines qui suivent, vérifier que les élèves entrainent leur mémoire de travail.

LE N-BACK

Règles du jeu :

1. Mélanger les cartes (modèle page suivante).

2. Demander à chaque joueur de choisir et mémoriser une carte (par exemple, 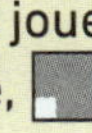, avec le carré blanc en bas à gauche).

3. Faire défiler les cartes (lentement puis plus rapidement). Quand la carte choisie par un joueur apparait, il dit : « Ma carte ! et le carré blanc se trouve au même endroit que sur la carte précédente » ou « Ma carte ! et le carré blanc ne se trouve pas au même endroit que sur la carte précédente ».

Exemple : 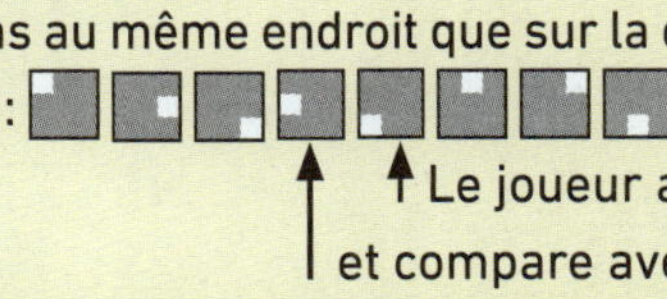

Le joueur arrête le jeu ici et compare avec cette carte.

Attention : il ne s'agit pas de trouver des astuces pour bien répondre (par exemple, utiliser ses mains pour se souvenir de la position du carré) mais bien de faire travailler (donc stresser) la mémoire de travail pour la développer. Le plus important n'est pas de réussir mais de s'entrainer. Tant mieux si c'est difficile : cela signifie que l'on travaille ses limites.

Variantes :

Niveau 1 : dire simplement si le carré blanc se trouve à la même place que sur la carte précédente.

Niveau 2 : décrire la carte précédente en situant le carré blanc.

Niveau 3 : procéder de même avec l'avant-dernière carte, puis l'avant-avant-dernière carte.

Niveau 4, dual N-back : celui qui fait défiler les cartes énonce un chiffre ou une lettre à chaque carte posée ; en plus de la position du carré blanc, le joueur doit aussi énoncer ce chiffre ou cette lettre. Le dual N-back stresse davantage la mémoire de travail car il faut guetter deux informations à la fois.

Fiche 15 : des cartes pour jouer au N-back

Reproduire de 200 ou 250 % sur papier cartonné.

Prévoir 3 à 4 reproductions par groupe (48 à 64 cartes par groupe).

Connaitre sa mémoire pour mieux apprendre (2)

p. 54-55

La séquence précédente s'est attardée sur la mémoire immédiate et la mémoire de travail. La mémoire revêt d'autres formes plus durables, qui s'activent selon la situation et selon nos besoins, et que nous allons aborder dans cette séquence.

La mémoire perceptive conserve le souvenir des perceptions indépendamment de leurs significations : c'est ce qui nous permet de reconnaitre un carré, la couleur jaune ou le son du piano…

La mémoire épisodique est celle des souvenirs personnels. Elle concerne des évènements précis, qu'elle situe (plus ou moins bien) dans le temps et l'espace, avec le contexte et les personnes présentes : elle nous fait voyager jusque dans notre enfance.

La mémoire procédurale concerne les gestes : elle permet l'apprentissage de procédures motrices (nouer ses lacets), perceptives (savoir que, dans un miroir, l'image est inversée) et cognitives (savoir lire, additionner ou jouer aux échecs). Cette mémoire exige de l'entrainement mais s'avère résistante dans le temps : on n'oublie pas les mouvements à effectuer pour nager.

Enfin, la mémoire sémantique est celle du langage (les mots, la manière de former des phrases, les noms des objets et leur fonction…), de nos connaissances (les planètes du système solaire, les rois de France) et de nos savoirs (dans quel pays j'habite). Elle est constituée de connaissances acquises par la répétition, si bien qu'on ne sait plus d'où nous tenons les informations qu'elle a conservées.

On entraine (un peu comme un muscle) sa mémoire procédurale par la répétition : on lit, on calcule, on joue aux échecs… On peut également entrainer sa mémoire sémantique : il ne s'agit pas d'augmenter la capacité de stockage (car elle est infinie), mais d'améliorer le processus d'enregistrement, de classement et de restitution. Dans ce but, nous proposons ici d'expliciter aux élèves, dans les grandes lignes, le fonctionnement de la mémoire et le cheminement qui permet de passer de la mémoire de travail à la mémorisation à long terme.

A Identifier la manière dont fonctionne sa propre mémoire — 10 min

L'activité invite à une auto-observation de sa manière de fonctionner, qui diffère d'un individu à l'autre.

Matériel : activité A du carnet élève.

1. Introduction en groupe classe : lire le titre de l'activité (Comment fonctionne ma mémoire ?), puis lancer l'activité en rappelant qu'il n'y a pas de bonnes réponses, simplement des fonctionnements propres à chacun.

2. Activité individuelle : réfléchir à son propre fonctionnement avant de répondre.

3. Retour en groupe classe : sur la base du volontariat. Si les élèves répondent volontiers, compter le nombre d'élèves pour chaque mode de fonctionnement. Par exemple, certains préfèrent travailler le matin, d'autres le soir, certains le font volontiers au moment d'un repas (du fait de la présence d'un adulte ?), d'autres concentrent leurs efforts sur le weekend…
De même pour apprendre une poésie, on peut la lire en entier plusieurs fois (pour certains, c'est suffisant), l'apprendre vers par vers (c'est plus courant), le faire sur un seul jour ou sur plusieurs (une strophe lundi, une strophe mardi…). L'échange d'expériences permet de découvrir la variété des modes de fonctionnement.

4. Conclusion : comprendre que la mémoire de chacun a des spécificités et les connaitre permet de mieux l'utiliser.

PROLONGEMENT : inciter les élèves à tester d'autres formes de mémorisation en variant les moments (matin, soir…), la manière de faire (en lisant tout, en apprenant vers par vers) et la répartition dans le temps (en une fois, en plusieurs fois). Procéder ultérieurement à un retour d'expérience.

B Comprendre le devenir de la mémoire de travail, conçue pour s'effacer — 10 min

L'activité permet de prendre la mesure de la volatilité de la mémoire de travail, qui ne retient pas l'information dans le temps.

Matériel : activité B du carnet élève.

1. Introduction en groupe classe : lire le titre de l'activité (Que devient la mémoire de travail ?), puis lancer l'activité. Si cette séquence est éloignée dans le temps de la précédente (Connaitre sa mémoire pour mieux apprendre (1)), modifier les deux premières questions pour les faire porter sur une activité plus récente (retrouver les mots d'un exemple de grammaire, les chiffres d'un exercice de calcul datant d'il y a une semaine…).

2. Activité individuelle : répondre individuellement.

3. Correction en groupe classe :

– mots à remettre en ordre alphabétique : coq, Jupiter, bus ;

– trois chiffres à additionner et soustraire : 12 • 5 • 8 ;

– réponse personnelle, mais les élèves peuvent échanger sur leur expérience ; ils se souviennent de l'heure si celle-ci était liée à un enjeu particulier ;

– menu du lundi de la semaine dernière : les élèves s'en souviennent s'il y a eu un évènement particulier, sinon, les risques d'oubli ou de confusion sont grands.

4. Conclusion : constater que la mémoire de travail est fugace, comprendre qu'elle fait sans arrêt le tri et jette toutes les informations dont elle n'a plus besoin ou… dont elle pense ne plus avoir besoin (sinon, elle serait saturée car elle-même ne peut contenir que peu d'informations).

PROLONGEMENT : s'interroger sur la manière de faire passer une information de la mémoire de travail à la mémoire durable (qui dure dans le temps), ce qui introduit l'activité suivante.

C Comprendre le passage de la mémoire de travail à la mémoire à long terme

25 min

La mémoire sensorielle capte de manière fugace les informations arrivées par les sens (vue, ouïe, odorat…) et les transmet à la mémoire de travail, qui retient et traite simultanément. Ensuite, un processus d'encodage et de classement se met en place pour permettre une transmission à la mémoire à long terme. Ce cheminement de la mémoire de travail à la mémoire à long terme implique plusieurs étapes :

• recevoir l'information : pour être efficace, ce temps consiste en un premier encodage, qui nécessite l'attention (concentration) et l'action (traiter l'information, l'analyser, chercher à la comprendre, de façon que la mémoire compare avec les informations en stock, structure et relie les nouvelles informations avec les anciennes de façon à classer, combiner, hiérarchiser et mieux retenir) ;

• stocker l'information pour la retenir (temporairement ou plus durablement) ou pour l'éliminer si elle semble inutile (ce stockage ne s'opère pas dans un lieu unique mais par la combinaison de plusieurs endroits du cerveau) ; pour cela, il importe de faire savoir à la mémoire qu'une information est suffisamment importante pour être retenue (par exemple, en parlant de la leçon que l'on compte apprendre) ;

• organiser et structurer ce que l'on apprend de manière à mieux mémoriser (se représenter une date dans le temps, situer une ville sur une carte mentale…) ;

• retenir et consolider par la révision : la répétition ancre l'information ; le secret de la mémoire à long terme consiste à revoir et refaire de nombreuses fois ; à la fin du XIXe siècle, le philosophe allemand Hermann Ebbinghaus, père de la « psychologie expérimentale », a ainsi découvert que l'apprentissage distribué dans le temps est plus efficace (moins de répétitions nécessaires) et moins coûteux en énergie que l'apprentissage massif sans pause, chaque répétition apportant une mémorisation plus importante que la précédente ;

• faire des pauses dans les apprentissages : d'après le neurologue Bernard Croisile : « La pire des solutions est le bachotage : apprendre beaucoup, en peu de temps et dans le stress. L'idéal est d'apprendre plusieurs fois la même information. Elle sera d'autant mieux consolidée si l'écart est d'environ huit jours entre le premier et le deuxième apprentissage. » (Le Monde, 24 mai 2019) ;

• savoir retrouver, récupérer et restituer l'information : comme attendu (en récitant par cœur, en étant en mesure de répondre à des questions, en étant en capacité d'appliquer).

Le sommeil favorise la consolidation de la mémoire à long terme, car il réactive les circuits neuronaux impliqués dans les apprentissages de la journée : mais nous reviendrons sur ce point lors de la séquence sur le sommeil (voir page 105 de ce guide).

Matériel : activité C du carnet élève.

1. Introduction en groupe classe : lire le titre de l'activité (Comment passer de la mémoire de travail à la mémoire durable ?), puis lire la phrase en bleu (*Les informations dans la mémoire de travail disparaissent peu à peu. Pour les faire passer dans la mémoire durable, il y a 6 étapes à respecter*) et expliciter :

– la mémoire de travail est comme une table sur laquelle on travaille, avec de nombreuses choses en vrac (cahiers, manuels, papiers, crayons…) ;

– la mémoire à long terme est alors une armoire dans laquelle on range ses affaires.

Pour passer de la table à l'armoire, il faut trier, jeter ce dont on n'a plus besoin (morceaux de papier brouillon, épluchures de crayons) et ranger dans l'armoire, de manière ordonnée, ce qui doit être conservé, de façon que l'on puisse retrouver ses affaires.

Puis lancer l'activité en demandant que chacun fasse un effort pour comprendre ces étapes et personnalise son carnet avec des exemples.

2. Activité individuelle : travail personnel, passer dans les rangs et répondre individuellement aux questions, tolérer les échanges entre élèves s'ils portent sur l'activité. Attention, chacun coche ce qu'il peut faire : inutile de prévoir d'interroger un adulte en mathématiques si l'on est entouré d'adultes qui ne sont jamais allés à l'école, il faut trouver une autre solution personnelle.

3. Activité en binômes : quand les élèves ont terminé, ils réfléchissent à la manière de bien retenir ce circuit de la mémoire.

4. Retour en groupe classe : sur la base du volontariat, avec commentaire pour vérifier que tout est bien compris.
Pour stocker efficacement les données, il faut :

1. Faire comprendre au cerveau qu'il doit retenir certaines informations : on peut y penser, en parler à un proche (parent, ami…) ou se le dire à soi-même à voix haute avant de commencer à travailler si l'on n'a personne avec qui partager ; par exemple : « Tu sais, Maman, aujourd'hui à l'école, on a parlé de Louis IX et je dois apprendre ma leçon. »

2. Comprendre pour apprendre : si l'on ne comprend pas, on peut chercher dans son cahier, son manuel ou sur Internet, ou interroger ses parents, un camarade… Pour être certain d'avoir compris, on peut redire à voix haute ou expliquer à quelqu'un.

3. Pour apprendre, chacun a un processus et des astuces personnelles, comme relire, recopier, faire une fiche, répéter à voix haute, faire un schéma, trouver des exemples, expliquer à quelqu'un d'autre, relire (nous verrons d'autres astuces par la suite).

4. Réviser, comme on marche régulièrement au même endroit pour tracer un sentier puis un chemin ; cette étape est essentielle pour que la mémoire ne se débarrasse pas de l'information qu'elle jugerait inutile et pour que l'apprentissage ne soit pas superficiel, au risque de restituer lors d'une évaluation mais d'oublier ensuite).

5. Anticiper, s'y prendre à l'avance, laisser passer du temps avant de reprendre, favoriser les séances courtes et régulièrement espacées ; mais surtout, réviser régulièrement : l'apprentissage est le fruit de la répétition.

6. Se préparer à restituer en cherchant à récupérer l'information : réciter sa poésie, se poser des questions sur la leçon de géographie, réciter à quelqu'un la conjugaison d'un verbe, demander à un camarade de poser des questions sur la leçon de sciences…

Pour retenir le circuit de la mémoire, les élèves passent justement par les étapes de ce circuit :

1. faire comprendre au cerveau qu'il doit retenir cette information, en y pensant, en en parlant à quelqu'un ou à soi-même ;

2. comprendre ce circuit pour bien l'apprendre, quitte à chercher ou poser des questions ;

3. apprendre avec sa ou ses méthodes favorites, comme recopier, répéter à voix haute, faire un schéma, expliquer à quelqu'un d'autre, relire ;

4. le réviser plusieurs fois ;

5. réviser régulièrement, en espaçant les révisions ; l'apprentissage est le résultat de la répétition ;

6. vérifier, finalement, que les élèves sont capables de restituer, par exemple en expliquant à quelqu'un.

PROLONGEMENT : retenir les étapes de la mémorisation (fiche 16 page 70 de ce guide, à photocopier).

PROLONGEMENT : pour mettre en valeur que l'on passe plus facilement de la mémoire immédiate à la mémoire à long terme si, dès le début, on mobilise sa mémoire de travail (on écoute et on traite l'information en même temps), proposer le jeu suivant.

LA LISTE INFERNALE

Lire à voix haute une liste d'une cinquantaine de mots, par exemple : armoire • avion • bonbon • bus • cahier • canapé • canard • cartable • cerise • chaise • chaussettes • chemise • cheval • clémentine • crayon • crocodile • culotte • éléphant • fauteuil • gâteau • glace • hirondelle • jupe • lézard • lit • manuel • métro • œuf • pantalon • poireau • poisson • pomme • poule • purée • règle • robe • salade • serpent • stylo • table • tarte • tee-shirt • tigre • tomate • train • trottinette • trousse • vélo • viande • voiture.
Demander aux élèves d'écrire, de mémoire, le plus de mots possible.

Ranger la feuille pour ne pas la voir et recommencer (nouvelle lecture et nouvelle écriture de mémoire).

Recommencer (3 fois au total) pour permettre l'élaboration de stratégies de mémorisation.

Effectuer une correction collective de la troisième feuille. Ceux qui ont écouté en structurant l'information (variante possible dans le tableau ci-après) auront mémorisé nettement plus de mots que ceux qui auront simplement tenté de retenir.

Exemple de structuration pour faciliter la mémorisation

animaux	**mammifères** : éléphant cheval tigre **reptiles** : crocodile serpent lézard **oiseaux** : poule hirondelle canard
matériel scolaire	**plus gros** : cahier manuel cartable **plus petit** : trousse crayon stylo règle
aliments	**légumes** : salade poireau tomate (en réalité un fruit, mais peu importe ici) **fruits** : cerise pomme clémentine **protéines** : viande œuf poisson **féculents** : purée riz pâtes **sucreries** : gâteau glace bonbon tarte
vêtements	**bas** : pantalon robe jupe **hauts** : chemise tee-shirt **petit linge** : chaussettes culotte
meubles	**chambre** : lit armoire **salon** : fauteuil canapé **salle à manger** : table chaise
moyens de transport	**pour aller loin** : train avion voiture **en ville** : bus métro trottinette vélo

Lors d'une expérience de ce type menée aux États-Unis en 1999 et portant sur une liste de 112 mots, les étudiants qui ont construit des catégories hiérarchisées avaient mémorisé la totalité des mots après la troisième lecture, contre 47 % des mots pour ceux qui les avaient retenus au hasard.

Mémo : de la mémoire de travail à la mémoire à long terme

1 **J'informe mon cerveau que l'information est importante :**

par exemple, j'en parle à quelqu'un.

2 **Je comprends ce que j'apprends, la mémoire fonctionne mieux.**

Si ce n'est pas le cas, je peux

- chercher dans mon cahier, mon manuel, sur Internet
- interroger un camarade, un adulte.

3 **Ensuite, j'apprends en utilisant les méthodes qui me conviennent :**

- ❑ je relis plusieurs fois
- ❑ je répète à voix haute
- ❑ je recopie
- ❑ je cherche des exemples
- ❑ je redis dans ma tête
- ❑ je dis à quelqu'un
- ❑ je ....

4 **Je recommence :**

pour retenir, mon cerveau a besoin de recommencer, comme quand on marche plusieurs fois au même endroit et que cela finit par tracer un chemin.

5 **Si c'est long, je m'y prends à l'avance et je respecte le rythme :**

apprentissage • pause d'un jour • **révision** • pause d'un jour • **révision** • pause d'un jour • **révision** • pause d'un jour • **révision** • etc.

6 **Je vérifie que l'information se trouve bien dans ma mémoire :**

je me récite à moi-même • je me pose des questions • je récite à quelqu'un • on me pose des questions •

Apprendre avec ses yeux

p. 56-57

Le philosophe Antoine de la Garanderie a mis en valeur trois voies d'apprentissage :
– la voie visuelle, qui s'appuie sur ce que l'on voit (texte, images, vidéos...) et produit une image mentale (on « voit » mentalement la carte de France du relief, la page sur laquelle se trouve la leçon...) ;
– la voie auditive, celle du son (on retient les explications orales, on répète sa leçon à voix haute) ;
– la voie kinesthésique, qui privilégie le mouvement (mais aussi les émotions) : on retient en faisant, en manipulant, en effectuant des gestes.

Cette catégorisation ne définit pas trois profils mais trois axes possibles. Si chacun favorise intuitivement une approche sensorielle, il peut enrichir sa palette de stratégies d'apprentissage avec les autres.

Cette séquence se focalise sur l'approche visuelle, qui utilise la mémoire comme un appareil photographique. C'est l'approche privilégiée par la plupart des humains, chez qui le sens visuel prédomine (80 % des informations transmises au cerveau passent par les yeux), à la différence du chien, qui privilégie l'odorat (ce qui explique qu'il renifle partout). Mais même si l'être humain est un « renifleur des yeux », certains élèves ignorent ou mobilisent peu cette voie pour apprendre.

A Comprendre le principe de la représentation mentale

20 min

Cette activité introduit l'apprentissage visuel et sa propre capacité à mobiliser ce mode d'apprentissage.

Matériel : activité A du carnet élève.

Activité A1

1. Introduction en groupe classe : lire le titre (Ai-je besoin de mes yeux pour comprendre ?), puis annoncer l'activité (écoutez attentivement la phrase puis cochez la réponse qui vous correspond) en demandant de ne surtout pas communiquer avec le voisin (c'est une expérience).

2. Activité en groupe classe : quand les élèves sont prêts, dire de manière rythmée et sans mettre le ton : **Si ton ton ton ton ton ton ton ton ton tondu sera** (« Si ton tonton tond ton tonton, ton tonton tondu sera »).

3. Activité individuelle : cocher individuellement.

4. Retour en groupe classe : demander aux élèves de ne toujours rien dire, mais de lever la main pour pouvoir compter combien n'ont pas compris la phrase, combien l'ont comprise et combien la connaissaient déjà.

5. Conclusion : remarquer qu'en dehors de ceux qui connaissaient la phrase, la plupart des élèves n'ont rien compris du fait d'une répétition étrange de la syllabe « ton ».

Activité A2

1. Activité en groupe classe : écrire au tableau la phrase « **Si ton tonton tond ton tonton, ton tonton tondu sera.** » La laisser le temps que les élèves lisent et comprennent, puis leur demander de cocher la réponse qui leur correspond.

2. Activité individuelle : cocher individuellement.

3. Retour en groupe classe : compter combien d'élèves n'ont pas compris la phrase, combien l'ont comprise et combien la connaissaient déjà. Réécrire la phrase et l'expliquer mot à mot (Si ton oncle prend une tondeuse pour tondre un autre de tes oncles, ce deuxième oncle sera tondu).

4. Conclusion : remarquer comme beaucoup d'élèves ont mieux compris la phrase écrite. En effet, on a parfois besoin des yeux pour comprendre.

Activité A3

1. Activité en groupe classe : demander aux élèves de continuer individuellement.

2. Activité individuelle : dessiner puis évaluer sa réponse à l'aide des dessins page 96 du carnet élève.

3. Retour en groupe classe : évaluer les réponses.
– Certains élèves ont facilement produit une image mentale (interroger ceux qui ont eu du mal puis les inviter à développer le mode visuel d'apprentissage).
– Certains ont représenté une souris et une robe bleue (pas nécessairement tous).
– Certains ont « vu » dans leur tête une souris de dessin animé (debout), d'autres une souris de type animal (sur quatre pattes). Certains ont compris « porter » dans le sens « porter sur soi », d'autres ont peut-être compris « transporter ».

4. Conclusion : constater les différences dans les capacités à mobiliser l'apprentissage par le visuel (certains produisent facilement des images « mentales » qui les aident à comprendre) et expliquer que nous pouvons tous développer cette capacité pour mieux apprendre.

B Évaluer son propre recours à la mémoire visuelle

15 min

L'activité invite à une auto-observation de sa capacité à mobiliser la voie visuelle pour mémoriser.

Matériel : activité B du carnet élève.

1. Introduction en groupe classe : lire le titre de l'activité (Est-ce que j'utilise ma mémoire visuelle ?), puis lancer l'activité en rappelant qu'il s'agit de répondre pour soi-même.

2. Activité individuelle : identifier les réponses personnelles. L'enseignant(e) guide les élèves qui le sollicitent (*Quand tu penses à la dernière poésie, est-ce que tu l'entends ou est-ce que tu vois la page ? Quel est le dernier livre que tu as lu ? De quoi te souviens-tu en premier : l'histoire, les images, les personnages, la couverture ? etc.*).

3. Retour en groupe classe : sur la base du volontariat dans l'échange et le décompte individuel des points (1 point pour chacune des réponses suivantes : je vois la page • des images • de la couverture • son visage • souligner • entourer • surligner • repasser en couleur).

4. Conclusion :

– les élèves ayant 3 ou 4 points ont une bonne mémoire visuelle (qu'ils peuvent développer) ;

– ceux qui ont 2 points ou moins mobilisent peu leur mémoire visuelle (ils ont d'autres moyens de mémoriser) et peuvent utilement la développer pour mieux mémoriser.

PROLONGEMENT : dans les jours et les semaines qui suivent, utiliser des astuces pour développer la mémoire visuelle :

- prendre des notes sur un brouillon (mot, chiffre, date...) ;
- entourer, souligner, surligner les étapes ou informations essentielles ou les étapes d'une leçon ;
- créer des affiches de ce que l'on veut retenir.

Effectuer un retour d'expérience pour ancrer les méthodes.

C Apprendre à construire un palais mental pour retenir

25 min

La méthode des loci (prononcer « loki »), qui date de l'Antiquité, consiste à associer les éléments que l'on veut mémoriser à des souvenirs familiers. Chacun travaille à partir d'un lieu personnel (sa chambre, sa maison, son quartier), pour le visualiser sans effort. Puis, dans ce « palais mental », il suit une déambulation imaginaire en associant chaque information à mémoriser (date, mot, tâche à accomplir...) à un loci, pour les fusionner mentalement. Il suffit ensuite de parcourir son palais mental pour les retrouver.

Matériel : activité C du carnet élève.

Activité C1 : comprendre le principe du palais mental

1. Activité en groupe classe : lire le titre de l'activité (Comment construire un palais mental pour retenir ?), puis la consigne ; lever les crayons ; énoncer en détachant mais sans pause : **5 • 23 • 65 • 48 • 22.** Donner le top départ.

2. Activité individuelle : écrire les nombres mémorisés.

3. Correction en groupe classe : 5 23 65 48 22 ; décompte individuel. Relever comme, pour certain(e)s, faute d'images mentales et de sens accordé aux nombres (ce ne sont pas des notes, un nombre d'élèves...), la mémorisation est difficile.

Activité C2 : construire son palais mental

1. Introduction en groupe classe : énoncer les consignes en laissant le temps pour les effectuer mentalement.

1. Je choisis un endroit que je connais bien : ma maison, mon village, mon quartier...

2. Je fais dans ma tête un trajet précis : d'une pièce à l'autre, le chemin de l'école...

3. Je choisis, dans l'ordre, des endroits précis où déposer des informations à retenir.

2. Activité individuelle : suivre les étapes pour se construire son palais mental, puis écrire les endroits choisis pour y déposer des informations à retenir (par exemple, *mon oreiller, la couverture, le bureau, la bibliothèque, la poignée de la porte...* ou *le portail de la maison, le trottoir, la maison du voisin, le panneau sens interdit, la boite aux lettres...*).

3. Retour en groupe classe : sur la base du volontariat ; vérifier que les élèves ont suivi les étapes. Laisser le temps pour ajuster, modifier, améliorer. Annoncer que le palais mental est prêt à stocker des informations à retenir pour la suite de l'activité mais aussi pour le futur.

Activité C3 : utiliser son palais mental

1. Activité en groupe classe : lire la consigne et rappeler qu'il faut utiliser le cheminement dans son palais mental ; lever les crayons ; énoncer en détachant mais sans pause : **10 • 21• 42 • 7 • 37.** Donner le top départ.

2. Activité individuelle : écrire les nombres mémorisés, puis évaluer sa performance (meilleure ou moins bonne que lors de la première étape).

3. Activité en groupe classe : recommencer le temps que les élèves se familiarisent avec leur palais mental.

4. Retour en groupe classe : compter les élèves qui ont mieux retenu que lors de la première étape.

5. Conclusion : inciter à réutiliser ce palais mental chaque fois que l'on doit mémoriser.

PROLONGEMENT : dessiner la succession de ses loci.

Apprendre avec ses oreilles

p. 58-59

Alors que la mémoire visuelle privilégie l'entrée de l'information et sa mémorisation sous la forme d'images, la mémoire auditive retient les informations sonores (sons, mots et phrases prononcés, idées véhiculées par la parole). La persistance échoïque permet de se souvenir plus longtemps d'un bruit, d'un mot, d'une phrase, d'une question entendus (entre 3 et 4 secondes) que d'une image aperçue (entre 1 et 3 secondes maximum) : on en veut pour preuve ces élèves inattentifs capables de répéter une consigne… qu'ils n'ont pourtant pas écoutée.

La voie auditive est particulièrement utile pour la mémoire immédiate, donc pour la mémoire de travail. Comme la mémoire visuelle, la mémoire auditive peut être entrainée pour solliciter les circuits neuronaux qui lui sont dédiés et améliorer le volume de rétention et le temps de stockage.

A Évaluer son propre recours à la mémoire auditive — 15 min

Cette première activité invite à une auto-observation et une évaluation de sa mémoire auditive.

Matériel : activité A du carnet élève.

1. Introduction en groupe classe : lire le titre de l'activité (Est-ce que mes oreilles ont une bonne mémoire ?), puis lancer l'activité en rappelant qu'il ne s'agit pas d'imaginer la « bonne réponse » mais de répondre pour soi, en prenant le temps de réfléchir à chaque item un à un, éventuellement en fermant les yeux, et sans se précipiter.

2. Activité individuelle : cocher pour répondre. L'enseignant(e) passe dans les rangs pour aider les élèves :

– *pense à une personne que tu connais bien, par exemple un parent, et cherche si, dans ta tête, tu arrives à entendre sa voix ; si tu l'entends, coche la case ;*

– *pense à une émission, un jeu que tu aimes et cherche si, dans ta tête, tu arrives à entendre la musique, le générique ;*

– *pense à un camion de pompiers et cherche si, dans ta tête, tu arrives à entendre la sirène ;*

– *pense au fait d'aller te brosser les dents et cherche si, dans ta tête, tu arrives à entendre l'eau qui coule ou le bruit du brossage ;*

– *pense à un éléphant et cherche si, dans ta tête, tu arrives à entendre son cri, son barrissement ;*

– *pense à l'endroit où tu dors et cherche si, dans ta tête, tu arrives à entendre un bruit habituel (l'eau qui coule, le son de la télévision, la chasse d'eau, le vent, la pluie…).*

3. Retour en groupe classe : attribuer un point par case cochée puis faire compter les points. S'évaluer :

– 4 points ou plus = une bonne mémoire auditive que l'on peut encore développer ;

– 3 points ou moins = utilité à développer la mémoire auditive.

Les élèves peuvent énoncer leur score sur la base du volontariat, sachant qu'un score faible n'est pas « mauvais » mais indique que l'on active sa mémoire par d'autres voies que les sons.

4. Conclusion : expliquer l'intérêt de développer la mémoire auditive en plus de la mémoire visuelle, cela permet d'apprendre encore mieux.

B Évaluer sa mémoire auditive — 25 min

L'activité propose d'évaluer non plus le souvenir des sons mais l'ampleur des informations intégrées et mémorisées par la voie auditive, à partir d'une courte histoire.

Matériel : activité B du carnet élève.

1. Introduction en groupe classe : lire le titre de l'activité (Comment je retiens avec mes oreilles ?), puis présenter l'activité. Les élèves vont écouter une courte histoire amusante et devront ensuite la dessiner le plus fidèlement possible. Préciser qu'ils ne doivent pas regarder ce que fait le voisin, car l'objectif n'est pas de réaliser le meilleur dessin : il s'agit d'une expérience personnelle pour évaluer ce que l'on entend et retient.

Puis lire à voix haute sans mettre en valeur les détails : *Adèle la géante et son ami Miro se promènent dans une forêt de sapins. Adèle est une géante si grande que sa tête touche le soleil, ses pieds ressemblent à des bateaux et ses mains à des raquettes de tennis. Miro, au contraire, est si petit qu'il pourrait tenir dans une poche. Ses jambes sont comme des haricots verts et ses mains comme des petits pois. Par peur qu'on ne le voie pas et qu'on l'écrase, il porte une feuille morte sur son dos.*

2. Activité individuelle : dessiner ce que l'on a entendu et retenu.

3. Correction en groupe classe : vérifier que les éléments (notamment les détails) sont présents sur le dessin et compter les points correspondants (jouer sur l'amusement collectif : *Quoi, Miro est tout petit ? Mais je ne l'ai pas entendu ! Zut, j'ai oublié que la forêt était faite de sapins…*).

- Adèle et Miro sont représentés = 1 point chacun ;
- une forêt = 1 point ;
- des sapins = 1 point ;
- Adèle est une géante = 1 point ;
- sa tête touche le soleil = 1 point ;
- ses pieds ressemblent à des bateaux = 1 point ;
- ses mains ressemblent à des raquettes de tennis = 1 point ;
- Miro est tout petit = 1 point ;
- ses jambes sont comme des haricots verts = 1 point ;
- ses mains sont comme des petits pois = 1 point ;
- il porte une feuille morte sur son dos = 1 point.

4. Activité individuelle : calculer son score.

5. Retour en groupe classe : sur la base du volontariat. Le maximum de points est de 12. Chacun évalue sans jugement ce qu'il a entendu et mémorisé.

6. Conclusion : nous n'avons pas tous le même niveau de mémoire auditive (et d'attention) mais nous pouvons tous la développer.

C Prendre conscience de son propre fonctionnement auditif dans le cadre d'une mémorisation — 10 min

Cette nouvelle activité d'auto-observation porte sur le recours à la voie auditive lors de la mémorisation. Idéalement, programmer l'activité à l'occasion de l'apprentissage d'une poésie. Demander aux élèves de commencer à apprendre la poésie puis, après quelques minutes, les faire passer à l'activité.

Matériel : activité C du carnet élève.

1. Introduction en groupe classe : lire le titre de l'activité (Comment j'apprends avec mes oreilles ?), puis lancer l'activité, en rappelant qu'il n'y a pas de bonnes ou mauvaises réponses et que les élèves peuvent s'appuyer sur l'expérience d'apprentissage précédente.

2. Activité individuelle : identifier et colorier ce que l'on fait déjà. Puis choisir de nouvelles méthodes que l'on a envie de tester.

3. Retour en groupe classe : sur la base du volontariat. À cette occasion, expliciter les différentes méthodes.

4. Conclusion : il existe de nombreuses manières d'apprendre une poésie ; suggérer de tester différentes méthodes auditives de façon à identifier les stratégies les plus efficaces pour soi-même, voire à combiner les stratégies visuelles et auditives.

PROLONGEMENT : effectuer un retour d'expérience et relancer les essais sur les autres stratégies.

D Entrainer sa mémoire auditive — 40 min

Pour cette partie sur l'entrainement de la mémoire auditive, l'enseignant(e) choisit une ou plusieurs activités, voire les expérimente une à une sur plusieurs jours, de façon que chaque élève choisisse celle(s) qui lui convient le mieux.

Matériel : activité D du carnet élève.

1. Activité en groupe classe : lire le titre de la fiche (Comment entrainer ma mémoire auditive ?), puis choisir et lancer l'une des activités.

Pour chacune des activités suivantes...

1. Activité en groupe classe : expliquer le jeu (voir encadrés en jaune pages 75-76) et le lancer.

2. Activité individuelle : participer et évaluer son propre score.

ou 2. Activité en petits groupes : pour le panier bien rempli, constituer des groupes et jouer, puis **Activité individuelle :** évaluer son propre score.

3. **Retour en groupe classe :** partage des scores et recueil d'expérience sur la base du volontariat.

PROLONGEMENT : choisir individuellement une ou plusieurs activités à reproduire régulièrement, en classe ou en dehors.

OUGA BOUGA

Version simplifiée destinée à entrainer la mémoire auditive en classe.

Objectif : entrainer la mémoire de travail et la mémoire auditive.

Nombre de joueurs : classe entière ou petits groupes.

Règles du jeu :

1. Le premier joueur émet un son (syllabe simple ou double, onomatopée, par exemple : ouga • bouga • gogo • mat • ska • fi • chat • glu • glouglou • boum • motus • kéké • mimi • mama • clac • gloups • beurk • miam • grrrr • bi • whaou • togo • patou • plouf • pif • toll • etc.).

2. Le deuxième joueur répète et ajoute son propre son.

3. Le troisième répète les deux premiers sons et ajoute le sien, et ainsi de suite.

Celui qui oublie un son perd un point (mais continue de jouer, pour l'entrainement).

Variantes :

A. Pour aider les élèves à choisir le son qu'ils vont ajouter, on peut autoriser le concours des voisins, écrire quelques exemples au tableau (liste ci-dessus) ou encore distribuer des cartons avec des exemples.

B. Les élèves répondent à leur tour dans l'ordre des places ou l'enseignant(e) désigne au hasard celui ou celle qui doit répondre.

LE PANIER BIEN REMPLI

Objectif : entrainer la mémoire de travail et la mémoire auditive.

Nombre de joueurs : classe entière ou petits groupes.

Règles du jeu :

1. Le premier joueur commence avec la phrase « Dans mon panier, il y a… » et nomme une chose (par exemple : un stylo, une pomme, un téléphone, une souris, une chaussette rouge, un livre vert, un biscuit, un carnet, un compas, un hippopotame).

2. Le deuxième joueur répète (« Dans mon panier, il y a… »), nomme l'objet précédent et ajoute le sien.

3. Le troisième joueur répète les deux premiers objets et ajoute le sien, et ainsi de suite.

Celui qui oublie un objet a perdu (pour l'entrainement de la mémoire auditive, les joueurs qui ont perdu ne sont pas éliminés : ils continuent de jouer).

Variantes :

A. L'enseignant(e) énonce la première phrase pour aider les élèves à commencer.

B. On peut aider les élèves qui ont du mal à trouver un objet à nommer en désignant quelque chose ou en le dessinant au tableau.

LES PAIRES MAGIQUES

Objectif : entrainer la mémoire de travail et la mémoire auditive.

Nombre de joueurs : classe entière.

Règles du jeu :

1. L'enseignant(e) énonce une série de cinq paires de mots, par exemple :

- chaussette/cahier
- avion/caillou
- ballon/stylo
- sirop/pantalon
- cadeau/chaussures

- papier/pull
- betterave/cartes
- auto/valise
- train/tissu
- ciseaux/pain

- soda/robe
- ruban/manteau
- haricot/rollers
- pierre/viande
- crayon/sac

- gomme/salade
- cartable/poisson
- jupe/pâtes
- veste/pomme
- riz/téléphone

2. Ensuite, l'enseignant(e) nomme un des éléments cités et demande à un(e) élève (dans l'ordre ou désigné(e) au hasard) de retrouver le mot manquant dans la paire (par exemple, quand l'enseignant(e) dit « chaussette », l'élève répond « cahier » ; plus tard, l'enseignant(e) peut dire « cahier » et l'élève répond « chaussette »).

Il sera intéressant d'interroger les élèves en leur demandant comment ils ont retenu : sons, images mentales, association d'idées (la pomme est dans la veste, la chaussette est sur le cahier…).

LA LISTE INFERNALE

Objectif : entrainer la mémoire de travail et la mémoire auditive.

Nombre de joueurs : classe entière ou petits groupes.

Règles du jeu : il s'agit de retrouver le plus d'objets possible appartenant à une liste hétéroclite.

1. L'enseignant(e) énonce lentement une série d'objets sans rapport les uns avec les autres, par exemple : petit déjeuner • plage • chaussette • cousine • cahier • nuit • avion • laine • caillou • présidente • ballon • dessin animé • stylo • sirop • pantalon • cadeau • chaussures • soda • robe • haricot • rollers • pierre • viande • exposé • crayon • sac • papier • pull • betterave • cartes • auto • train • tissu • ciseaux • pain • gomme • salade • cartable • poisson • jupe • pâtes • veste • pomme • téléphone…

2. Puis les élèves tour à tour nomment chacun l'un des éléments de la liste jusqu'à ce que la classe ait reconstitué la liste entière.

Variante : la liste commence avec 10 mots, mais on étend progressivement le nombre de mots à retenir.

BURGER QUIZZ

Il s'agit ici du « Burger de la mort », jeu final du jeu télévisé inventé par Alain Chabat et Kader Aoun. Il consiste à retrouver, dans l'ordre, les réponses à une série de questions préalablement posées.

Objectif : entrainer la mémoire de travail et la mémoire auditive.

Nombre de joueurs : classe entière.

Règles du jeu :

1. L'enseignant(e) pose une série de questions sans rapport devant la classe silencieuse, par exemple :

- Quelle est ta date de naissance/ton âge ?
- Quelle est l'adresse de l'école/le nom de l'école ?
- Combien y a-t-il d'élèves dans la classe/de classes dans l'école ?
- Quel jour sera-t-on demain ?
- Quel est ton nom de famille/le prénom de ton voisin ?
- Qu'étudie-t-on en ce moment en histoire/en géographie/en sciences/en grammaire ?
- Comment s'appellent les prochaines vacances ?
- Nomme une chanteuse/un sportif/une équipe de football/le président de la République.
- Nomme une ville/un pays/un continent/un océan.
- Nomme un roi de France/une femme célèbre.
- Donne une date importante dans l'histoire de France.
- Comment appelle-t-on un animal qui allaite ses petits ?

2. L'enseignant(e) désigne un(e) élève qui énonce les réponses (sans qu'on lui répète les questions) dans l'ordre où les questions ont été posées (par exemple : 10 ans, Simone Veil, 25, mardi, Léa, le réseau Internet, Noël, Teddy Rinner, Brest, Aliénor d'Aquitaine, 14 juillet 1789, un mammifère).

Variante : commencer par 5 questions et augmenter progressivement pour complexifier la tâche.

Astuce : le jeu peut être fait ensuite en testant le palais mental (page 72 de ce guide), ce qui permet de constater son incroyable efficacité (nombre de réponses nettement supérieur à celui sans le palais mental).

Apprendre avec son corps

p. 60-61

Les apprentissages passent par les images et les sons, mais ils peuvent aussi passer par la voie kinesthésique. Celle-ci privilégie le mouvement, le ressenti et les émotions : on retient en faisant, en manipulant, en pratiquant, en mimant, en exprimant... En quelque sorte, on apprend « dans l'action ». La mémoire kinesthésique s'appuie sur le mouvement (déplacements, mouvements des jambes, gestes avec les bras...) et s'avère extrêmement bénéfique pour certains élèves. Une expérimentation réalisée en 2008 dans des grandes sections et des CP a montré que les élèves qui avaient reçu une explication accompagnée de gestes étaient, quatre semaines plus tard, plus performants dans la résolution des problèmes mathématiques correspondants que ceux qui avaient reçu une simple explication verbale. Les chercheurs ont émis l'hypothèse que les mouvements corporels soulagent en partie la charge cognitive associée à l'apprentissage et impriment davantage la mémoire à long terme que les mots.

A Tester l'apport de la mobilisation du corps dans la mémorisation

40 min

L'activité permet d'expérimenter la manière dont les gestes effectués par l'enseignant(e) aide à comprendre et à retenir.

Matériel : activité A du carnet élève.

Activité A1

1. Introduction en groupe classe : lire le titre de l'activité (Est-ce que je retiens mieux avec mon corps ?), puis inviter les élèves à écouter attentivement et à répéter.

2. Activité en groupe classe : énoncer lentement **caresser • sauter • rire • dormir • féliciter • boire • couler • partir • regarder • souffrir**. Faire répéter en chœur.

3. Activité individuelle : écrire dans son carnet les verbes dont on se souvient.

4. Correction en groupe classe : caresser • sauter • rire • dormir • féliciter • boire • couler • partir • regarder • souffrir.

5. Activité individuelle : décompte individuel des verbes retrouvés.

Activité A2

1. Activité en groupe classe : énoncer lentement EN MIMANT **manger • scier • compter • entendre • embrasser • taper • gronder • danser • pleurer • rêver**. Faire répéter en chœur.

2. Activité individuelle : écrire dans son carnet les verbes dont on se souvient, au besoin en mimant pour retrouver.

3. Correction en groupe classe : manger • scier • compter • entendre • embrasser • taper • gronder • danser • pleurer • rêver.

4. Activité individuelle : décompte individuel des verbes retrouvés puis comparaison avec le score précédent.

5. Retour en groupe classe : évaluer les différences de scores pour voir si la mémorisation avec les gestes est plus facile.

Activité A3 : Times up !

1. Activité suivante : expliquer la règle et effectuer une première partie en classe entière.

TIMES UP !

Version simplifiée du jeu de société.

Objectif : entrainer la mémoire de travail et la mémoire kinesthésique, constater que mimer aide à retenir.

Nombre de joueurs : binômes.

Règles du jeu :

1. La classe observe un silence total (personne ne doit parler, nommer ou bruiter).
2. L'enseignant(e) donne une liste de mots à mémoriser à un élève A (par exemple, amour poisson vache cahier bus) et une autre à un élève B (par exemple, girafe ciseaux rire oiseau voiture). Si on joue avec le jeu de société, attention de choisir des mots que l'on peut mimer.

Étape 1 : l'élève A énonce les mots de sa liste (amour poisson vache cahier bus), l'élève B les répète dans l'ordre.

Étape 2 : l'élève B énonce les mots de sa liste (girafe ciseaux rire oiseau voiture) en les mimant, l'élève A les répète dans l'ordre en mimant.

Variantes : on commence avec cinq mots et on augmente progressivement le nombre de mots à retenir dans chaque liste. On peut aussi jouer en équipes (2 ou 3 ou 4 binômes dont on compare les résultats).

2. Activité en petits groupes : constituer des binômes ou des petits groupes. Jouer chacun son tour.

3. Activité individuelle : décompter les mots retrouvés.

4. Retour en groupe classe : comparer les scores pour voir si la mémorisation avec les gestes est plus facile.

Activité A4 : poésie mimée

1. Activité suivante en groupe classe : lire avec le ton les strophes 1 et 2 du poème de Guy de Maupassant (ou une autre poésie).

Nuit de neige, Guy de Maupassant (*Des vers*, 1908)

La grande plaine est blanche, immobile et sans voix.
Pas un bruit, pas un son ; toute vie est éteinte.
Mais on entend parfois, comme une morne plainte,
Quelque chien sans abri qui hurle au coin d'un bois.

Plus de chansons dans l'air, sous nos pieds plus de chaumes.
L'hiver s'est abattu sur toute floraison ;
Des arbres dépouillés dressent à l'horizon
Leurs squelettes blanchis ainsi que des fantômes.

La lune est large et pâle et semble se hâter.
On dirait qu'elle a froid dans le grand ciel austère.
De son morne regard elle parcourt la terre,
Et, voyant tout désert, s'empresse à nous quitter.

Et froids tombent sur nous les rayons qu'elle darde,
Fantastiques lueurs qu'elle s'en va semant ;
Et la neige s'éclaire au loin, sinistrement,
Aux étranges reflets de la clarté blafarde.

Oh ! la terrible nuit pour les petits oiseaux !
Un vent glacé frissonne et court par les allées ;
Eux, n'ayant plus l'asile ombragé des berceaux,
Ne peuvent pas dormir sur leurs pattes gelées.

Dans les grands arbres nus que couvre le verglas
Ils sont là, tout tremblants, sans rien qui les protège ;
De leur œil inquiet ils regardent la neige,
Attendant jusqu'au jour la nuit qui ne vient pas.

2. Activité individuelle : écrire les mots ou les phrases mémorisés.

3. Correction en groupe classe : relire les vers pour vérifier.

4. Activité en groupe classe : lire les strophes 3 et 4 du poème de Guy de Maupassant (ou autre poésie) EN MIMANT chaque fois que possible.

Suggestions de mimes des strophes 3 et 4

La lune est large et pâle et semble se hâter.

On dirait qu'elle a froid dans le grand ciel austère.

De son morne regard elle parcourt la terre,

Et, voyant tout désert, s'empresse à nous quitter.

Et froids tombent sur nous les rayons qu'elle darde,

Fantastiques lueurs qu'elle s'en va semant ;

Et la neige s'éclaire au loin, sinistrement,

Aux étranges reflets de la clarté blafarde.

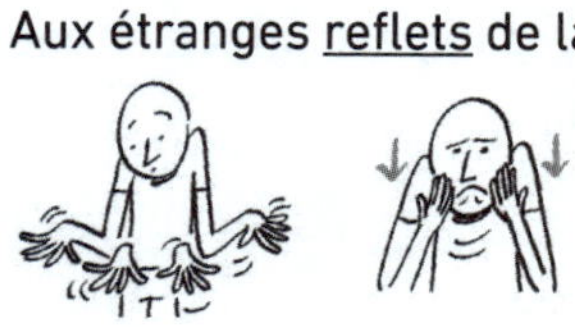

5. Activité individuelle : écrire les mots ou les phrases mémorisés.

6. Correction en groupe classe : relire les vers pour vérifier.

7. Conclusion : constater sans doute que les élèves ont mieux mémorisé avec les gestes.

PROLONGEMENT : dans les jours et les semaines qui suivent, utiliser au maximum les gestes pour enseigner et inciter les élèves à les utiliser pour apprendre et mémoriser.

B Apprendre à apprendre avec son corps **40 min**

Cette nouvelle série d'activités permet aux élèves d'expérimenter eux-mêmes le recours aux gestes et aux mouvements pour apprendre. Différents exercices sont proposés de manière à expérimenter :

- **la mémorisation soutenue par des gestes ;**
- **le fait de répertorier en comptant avec les doigts (des strophes, des paragraphes, des idées, une liste…) ;**
- **le classement avec les bras (premièrement avec les bras à gauche, deuxièmement avec les bras au milieu, troisième avec les bras à droite) ;**
- **la mémorisation en se déplaçant.**

Matériel : activité B du carnet élève.

Activité B1

1. Introduction en groupe classe : lire le titre de l'activité (Comment puis-je apprendre avec mon corps ?), puis présenter l'activité (mimer une phrase pour la mémoriser).

2. Activité en groupe classe : dire lentement « **Les sanglots longs des violons de l'automne bercent mon cœur d'une langueur monotone.** » (Paul Verlaine)

Répéter lentement pour permettre aux élèves de chercher comment mimer.

Répéter encore pour bien ancrer le mime individuel.

3. Activité individuelle : écrire les mots ou la phrase en s'aidant des gestes.

4. Correction en groupe classe : relire la phrase pour vérifier.

5. Activité individuelle : évaluer personnellement l'expérience ☺ 😐 ☹ (réussie, agréable, facile…).

Activité B2

1. Introduction en groupe classe : présenter l'activité (apprendre une liste dans l'ordre).

2. Activité en groupe classe : dire lentement « **Le système solaire comporte 8 planètes : Mercure, Vénus, la Terre, Mars, Jupiter, Saturne, Uranus et Neptune.** » en comptant sur ses doigts.

Répéter en comptant toujours sur ses doigts et en invitant les élèves à compter sur leurs doigts.

Répéter sans compter sur ses doigts mais en invitant les élèves à le faire.

3. Activité individuelle : écrire le nom des planètes mémorisées voire, idéalement, la phrase entière avec les planètes dans l'ordre.

4. Correction en groupe classe : relire la phrase pour vérifier.

5. Activité individuelle : évaluer personnellement l'expérience ☺ 😐 ☹ (réussie, agréable, facile…).

Activité B3

1. Introduction en groupe classe : présenter l'activité (retenir une phrase en utilisant les bras pour classer).

2. Activité en groupe classe : dire les deux phrases en classant avec les bras (en miroir, dans le sens des élèves) :

– En histoire : on étudie…

les causes — les faits — puis les conséquences

– En géographie : on étudie…

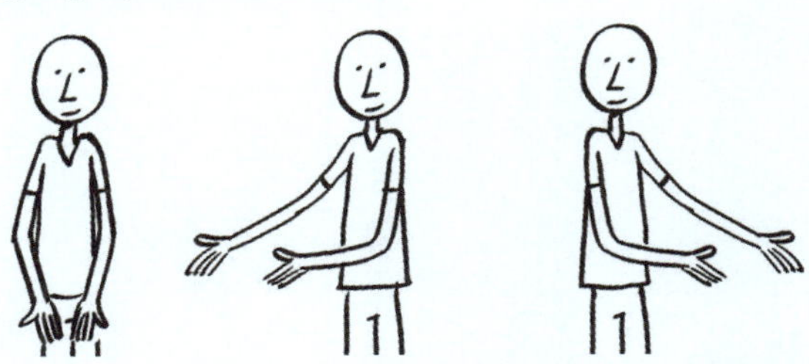

les faits — les causes — puis les conséquences

Répéter avec les gestes et inviter les élèves à faire de même.

Répéter sans mimer, en laissant les élèves mimer.

3. Activité individuelle : écrire les deux phrases ou seulement causes/faits/conséquences et faits/causes/conséquences.

4. Correction en groupe classe : relire pour vérifier, puis expliquer : en histoire, on travaille dans l'ordre chronologique (les causes avant une guerre, puis la guerre, et ses conséquences après) ; en géographie, on observe (les faits), puis on cherche les causes, et enfin les conséquences.

5. Activité individuelle : évaluer personnellement l'expérience ☺ 😐 ☹ (réussie, agréable, facile…).

Activité B4

1. Introduction en groupe classe : présenter l'activité (se tenir debout et apprendre une liste de verbes en mimant, en bougeant, en se déplaçant).

2. Activité en groupe classe : énoncer « **Au passé composé, les verbes suivants se conjuguent avec l'auxiliaire être : entrer, sortir, arriver, partir, monter, descendre, naitre, mourir, passer, rester** » (*je suis partie, je suis née*...).

Répéter en mimant chaque verbe.

Répéter en mimant et en invitant les élèves à mimer en même temps.

Répéter sans mimer, en laissant les élèves mimer.

3. Activité individuelle : écrire le plus de verbes possible ou toute la phrase.

4. Correction en groupe classe : relire pour vérifier.

5. Activité individuelle : évaluer personnellement l'expérience ☺ 😐 ☹ (réussie, agréable, facile...).

PROLONGEMENT : tester d'autres approches, comme apprendre dans la cour ou dans tout endroit où l'on peut bouger (marcher, sauter, se recroqueviller, s'agiter...), inventer des petits scénarios pour comprendre et assimiler une leçon...

Fiche 17 : une poésie à apprendre en mimant

Marine, de Paul Verlaine
(*Poèmes saturniens*, 1866)

L'Océan sonore
Palpite sous l'œil
De la lune en deuil
Et palpite encore,

Tandis qu'un éclair
Brutal et sinistre
Fend le ciel de bistre
D'un long zigzag clair,

Et que chaque lame,
En bonds convulsifs,
Le long des récifs
Va, vient, luit et clame,

Et qu'au firmament,
Où l'ouragan erre,
Rugit le tonnerre
Formidablement.

Se préparer à restituer

p. 62-63

Trop d'élèves se contentent d'apprendre par cœur une leçon sans l'avoir comprise et surtout sans avoir compris ce que l'on attend réellement d'eux. Cette séquence met en valeur l'importance, lors de l'apprentissage, de se mettre en situation de restitution : comprendre ce que l'on doit savoir, imaginer ce que l'on va devoir produire (réciter, répondre à des questions, mettre en application dans un exercice...), mais aussi anticiper l'environnement dans lequel on devra restituer (à l'oral, à l'écrit, sur une feuille ou au tableau, devant les autres ou face à soi-même...).

A Distinguer les exigences de l'apprentissage de celles de la restitution — 15 min

L'activité s'appuie sur un exemple pour bien distinguer les différences de situation entre l'apprentissage et la restitution.

Matériel : activité A pages 62 et 63 du carnet élève.

1. Introduction en groupe classe : lire le titre de l'activité (Quelle est la différence entre apprendre et restituer ?), éventuellement recueillir les représentations des élèves puis lancer l'activité.

2. Activité individuelle : former une phrase pour répondre à la consigne p. 62 puis colorier p. 63 du carnet élève.

3. Correction en groupe classe :

– p. 62 : par exemple, la chanteuse travaille sa voix, elle apprend les paroles par cœur, elle chante plusieurs fois les chansons...

– p. 63 : colorier presque tout, la scène, les musiciens, les danseurs, les baffles, les projecteurs, le public, mais aussi la robe, le micro, les chaussures à talons... presque tout est différent pour la chanteuse.

Bien comprendre qu'elle doit se préparer à cela pour ne pas être gênée pendant son spectacle (par exemple, s'habituer à marcher avec les chaussures à talons pour ne pas avoir mal aux pieds).

4. Conclusion : comprendre qu'apprendre, ce n'est pas seulement mémoriser, c'est aussi se préparer à restituer.

Fiche 18

En cas d'erreur, photocopier et coller dans le cahier pour recommencer l'exercice.

B Évaluer ses émotions et ses sentiments face au processus de restitution 15 min

Certains élèves sont empêchés, lors de la restitution, car leurs émotions (appréhension, timidité, peur du jugement...) met leur cerveau en pause et bloque leur mémoire. L'activité permet de prendre conscience de ses émotions pour mieux les surmonter.

Matériel : activité B du carnet élève.

1. Introduction en groupe classe : lire le titre de l'activité (Comment je me sens quand il faut restituer ?), rappeler qu'il n'y a pas à chercher de bonnes réponses mais à identifier ce qui correspond le mieux à chacun(e) et lancer l'activité.

2. Activité individuelle : cocher une ou plusieurs réponses, et compléter les phrases (par exemple, *Je préfère les évaluations orales parce que je déteste écrire, parce que ce sera moins grave si je me trompe...* ou *Je préfère les évaluations écrites parce que j'ai du temps pour répondre, je peux réfléchir, j'aime répondre aux questions ; à l'oral, je ne peux pas répondre à tout...).*

3. Activité en petits groupes : proposer un temps d'échange en petits groupes. S'auto-évaluer selon « Quelques règles pour le travail oral en groupe », page 13.

4. Retour en groupe classe : sur la base du volontariat.

5. Conclusion : prendre conscience que nos émotions peuvent nous gêner pour restituer, même quand on connait bien sa leçon, et constater que la situation n'est pas la même pour tous et toutes.

C Apprendre à se préparer pour restituer 15 min

L'activité découle logiquement des deux précédentes : après avoir compris la différence entre apprendre et restituer et après avoir identifié les émotions qui peuvent gêner la restitution, les élèves abordent la restitution et la manière dont ils et elles peuvent s'y préparer.

Matériel : activité C du carnet élève.

1. Introduction en groupe classe : lire le titre de l'activité (Comment puis-je me préparer à restituer ?), puis lancer l'activité.

2. Activité individuelle : commencer par colorier en bleu ce que l'on fait déjà ; puis identifier ce que l'on ne fait pas encore mais que l'on pourrait tester pour diversifier et améliorer sa manière d'apprendre.

3. Retour en groupe classe : sur la base du volontariat ; au besoin, expliquer les différentes méthodes.

PROLONGEMENT : se lancer des défis pour apprendre différemment, tester puis procéder à un retour d'expérience en classe.

Entrainer son cerveau pour mieux apprendre

p. 64-65

La comparaison est parfois critiquée mais très explicite : on peut entrainer son cerveau à la manière dont les sportifs entrainent leurs muscles. Certes, on ne peut pas faire « grossir » le cerveau, mais on peut développer les connexions neuronales de façon à réfléchir plus vite et de manière plus performante, donc améliorer ses facultés intellectuelles, cognitives et mémorielles. L'entrainement a également un effet sur la gestion du stress et des émotions, gestion essentielle lors de la restitution (voir séquence précédente) et pour améliorer ses performances.

A Comprendre l'importance d'un entrainement régulier du cerveau — 15 min

L'activité met en regard l'entrainement d'un sportif et celui du cerveau. Le sportif qui se prépare pour une course cycliste (un championnat, ou encore les Jeux olympiques) a besoin de s'entrainer tous les jours sous de multiples formes (cyclisme sur route, descente, montée, « enfer des pavés du Nord »…) et dans une grande variété de situations (météo, par exemple).

Matériel : activité A du carnet élève.

1. Introduction en groupe classe : lire le titre de l'activité (Pourquoi faut-il s'entrainer ?), puis lancer le travail individuel.

2. Activité individuelle : cocher ce dont un cycliste a besoin pour s'entrainer en vue du tour de France puis lire la phrase en bleu et la comprendre.

3. Correction en groupe classe : les cyclistes s'entrainent tous les jours (pas seulement toutes les semaines ou souvent), quelle que soit la météo (car pendant la course, ces différentes conditions météorologiques peuvent advenir) et ils s'entrainent à tout.

Fiche d'entrainement d'un cycliste pour le tour de France

Quand ?	
☑ tous les jours ☐ toutes les semaines ☐ souvent	☑ quand il fait chaud ☑ quand il fait froid ☑ quand il fait bon ☑ quand il fait beau ☑ quand il pleut
Où ?	**À quoi ?**
☑ sur la route ☑ sur les chemins ☑ sur les pavés ☑ sur un vélo d'appartement	☑ monter ☑ descendre ☑ rouler longtemps ☑ rouler vite ☑ prendre des virages

4. Conclusion : comprendre que, pour être champion, le cerveau procède de même et doit se préparer à tout et beaucoup s'entrainer.

B Identifier les capacités du cerveau que l'on peut entrainer — 15 min

Un entrainement régulier améliore les capacités cognitives : la mémoire (voir p. 65 de ce guide), l'attention (voir p. 98), la flexibilité mentale (capacité à passer rapidement d'une tâche à une autre, voir p. 94), mais aussi le raisonnement (la capacité à résoudre des problèmes et à prendre des décisions), la vitesse de traitement (la rapidité avec laquelle le cerveau traite l'information), la planification exécutive (qui sert à planifier, organiser et réaliser des tâches) et l'intelligence émotionnelle (la capacité à identifier et gérer ses propres émotions et celles des autres).

Matériel : activité B du carnet élève.

1. Introduction en groupe classe : lire le titre de l'activité (Quelle capacité de mon cerveau faut-il entrainer ?) puis lancer le travail individuel.

2. Activité individuelle : barrer les activités qui n'ont pas besoin du cerveau, colorier en bleu celles déjà individuellement expérimentées, puis en vert celles personnellement choisies pour tester de nouvelles manières d'entrainer son cerveau.

3. Correction en groupe classe :

– première partie : ne rien barrer car toutes ces activités font appel au cerveau ;

– deuxième partie : les élèves ont sans doute tout colorié en bleu, sauf, éventuellement, cuisiner, faire du vélo, être positif/positive, être heureux/heureuse/avoir envie de découvrir ;

– troisième partie : partage des réponses sur la base du volontariat.

4. Conclusion : comprendre l'intérêt qu'il y a à expérimenter sans cesse de nouvelles méthodes pour mieux apprendre ou, comme ici, développer ses capacités cognitives.

C Identifier les moments où entrainer son cerveau

15 min

Certaines périodes de la vie se prêtent particulièrement au développement des capacités cognitives. C'est le cas de l'enfance et de l'adolescence, périodes pendant lesquelles le cerveau connait une croissance rapide et un développement intense et est encore très malléable, ce qui s'avère propice à l'entrainement cérébral.

Mais le cerveau a besoin d'entrainement durant la vie entière. À l'âge adulte, on peut maintenir et améliorer ses capacités cognitives. En vieillissant, entrainer son cerveau retarde l'inévitable déclin cognitif et prévient les maladies neurodégénératives comme la maladie d'Alzheimer. Ce n'est pas sans raison que les personnes âgées consacrent du temps à des activités comme les parties de cartes, les sudokus, les mots fléchés et croisés, les jeux télévisés, mais aussi la lecture, les expositions.

Matériel : activité C du carnet élève.

1. Activité en groupe classe : lire le titre de l'activité (À quels moments de la vie faut-il entrainer son cerveau ?), puis lancer l'activité en interrogeant les élèves sur chaque point, en recueillant les avis, en énonçant la bonne réponse et en demandant aux élèves de colorier dans leur carnet :

– Un enfant qui parle le français avec ses parents, cela semble facile et il parle sans accent.

– Un enfant qui parle l'anglais, l'arabe, le bambara, le chinois... avec ses parents, pour lui, cela semble facile.

– Un étranger qui apprend le français en arrivant en France, pour lui, cela semble pas facile et il parle avec un accent.

– Un enfant qui apprend à faire du vélo, c'est assez facile.

– Un adulte qui apprendrait à faire du vélo, ce serait très difficile.

– Un enfant qui apprend à marcher, ce n'est pas trop difficile.

– Un adulte qui a eu un grave accident et doit réapprendre à marcher, pour lui, c'est très difficile.

2. Conclusion : comprendre que c'est plus facile d'entrainer le cerveau tant que l'on est enfant (il faut donc en profiter), mais qu'il faudra le faire toute sa vie pour garder un cerveau de champion.

D Identifier les modalités pour entrainer son cerveau

20 min

Pour développer ses capacités cognitives et permettre à son cerveau de rester en forme, il faut régulièrement l'entrainer en recourant à des activités variées, stimulantes, intéressantes et renouvelées.

On verra dans les séquences qui suivent que d'autres facteurs jouent sur le bien-être et le développement cérébral : l'exercice physique, la gestion du stress, l'alimentation, des activités comme les jeux de société, les jeux de réflexion...

Matériel : activité D du carnet élève.

1. Introduction en groupe classe : lire le titre de l'activité (Comment puis-je entrainer mon cerveau ?), puis lancer l'activité.

2. Activité individuelle : relier chaque item de gauche à un ou plusieurs items de droite.

3. Correction en groupe classe :

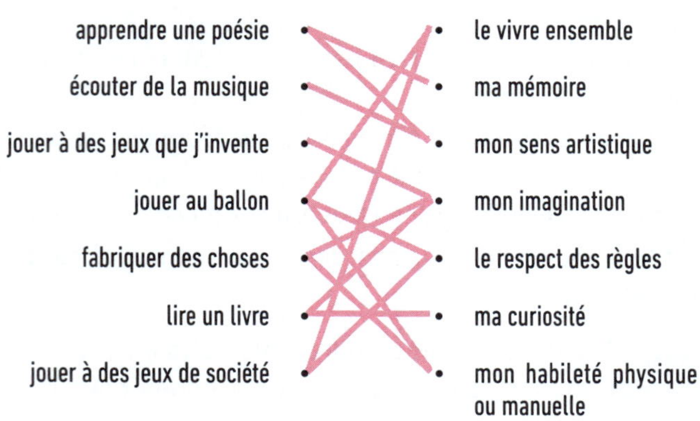

4. Conclusion : comprendre que les activités scolaires et bien d'autres contribuent à développer les capacités cognitives ; il importe de varier les activités pour développer toutes les compétences du cerveau. Comprendre que la passivité nuit au cerveau.

PROLONGEMENT : d'autres activités permettent de développer :

- la flexibilité cognitive : jeux de réflexion comme les échecs ou le sudoku ;
- le raisonnement : puzzles, jeux de logique...
- la vitesse de traitement : jeux vidéo d'action ou de stratégie ;
- la planification exécutive : activités qui nécessitent de l'organisation, comme la cuisine ou le jardinage ;
- l'intelligence émotionnelle : les activités artistiques...

Se tromper pour apprendre

p. 66-67

Dans la culture française, l'erreur est connotée de manière négative : elle témoignerait de faibles capacités (difficulté à comprendre, à mettre en pratique), d'un manque de volonté (travail insuffisant, mémorisation imparfaite, effort non soutenu) ou d'une concentration insuffisante (faible écoute…). C'est oublier qu'une grande partie de l'erreur vient d'un défaut d'automatisation : par exemple, l'élève a mémorisé la règle d'orthographe bien avant d'avoir acquis le réflexe de l'appliquer, comme l'adulte s'entraine longuement à conduire avant d'être en mesure de prendre la route en bavardant avec les passagers.

Dans bien d'autres cultures, au contraire, à l'école, à l'université mais aussi en entreprise, l'erreur est considérée comme inévitable, voire indispensable : « Apprenez à échouer ou vous échouerez à apprendre » affirme le philosophe et psychologue Tal Ben Shahar. L'erreur est vue comme le levier indispensable pour déclencher le processus d'apprentissage et permettre la progression.

Cela implique d'avoir le droit de se tromper. Des études ont montré que le faible niveau des Français(e)s en langues étrangères tient en partie (pas seulement, il est vrai) au fait que, traditionnellement, les cours de langues mettent l'accent sur les fautes (les enseignant(e)s rectifient aussitôt), si bien que les élèves rechignent à prendre la parole ; à l'inverse, dans les pays anglo-saxons ou en Europe du Nord, on reconnait aux élèves le droit de se tromper, on dédramatise les erreurs et les encourage à parler, sans nécessairement rectifier.

A Identifier les raisons qui amènent l'erreur et dédramatiser — 20 min

L'activité permet de réfléchir sur les sources d'erreurs : celles que, par culpabilité, chacun s'attribue puis, avec un peu de recul, celles extérieures à soi.

Matériel : activité A du carnet élève.

1. Introduction en groupe classe : lire le titre de l'activité (Pourquoi je me trompe ?), puis lancer l'activité en demandant de prendre son temps pour bien réfléchir à chaque proposition.

2. Activité individuelle : cocher.

3. Correction en groupe classe : on peut se tromper car on n'a pas écouté, mal lu la consigne, pas fait assez d'effort, mal appris sa leçon, mal travaillé, pas compris, mais pas parce qu'on est bête, pas fort/forte en classe (ne pas se dévaloriser).

Mais surtout, on peut se tromper car on n'a jamais fait une activité, on découvre une manière de faire pour la première fois (on ne la connaît pas encore), on a reçu trop d'informations à la fois ou l'explication donnée n'a pas semblé claire. Bref, les sources de l'erreur proviennent souvent du fait que l'on commence à apprendre (si on savait déjà, on n'aurait pas besoin d'apprendre) ou de l'apport des autres (qui ne nous ont pas donné les bons éléments pour nous permettre de réussir).

4. Suite de l'activité en groupe classe : pour chaque item, relever les avis des élèves puis affirmer :

- Se tromper : il y a plein de raisons différentes.
- Se tromper : c'est normal.
- Se tromper : c'est comme cela qu'on progresse, et c'est un droit.

B Identifier ses émotions et ses sentiments face à l'erreur — 15 min

Se tromper peut être douloureux et génère parfois de l'anxiété, de la frustration, du découragement, de l'embarras, un sentiment de culpabilité, voire de la colère. Ces émotions normales font partie du processus d'apprentissage. Pour les affronter, il importe de les identifier et de trouver leur origine (l'erreur elle-même, la réaction des autres face à notre erreur ou l'anticipation des réactions futures, par exemple celles des parents ?)

Matériel : activité B du carnet élève.

1. Introduction en groupe classe : lire le titre de l'activité (Qu'est-ce que je ressens quand je me trompe ?), puis lancer l'activité.

2. Activité individuelle : prendre le temps de colorier.

3. Retour en groupe classe : sur la base du volontariat. L'enseignant peut témoigner lui-même de son expérience dans ce domaine. Proposer ensuite aux élèves de développer leur réponse (ce qu'ils ont ressenti, comment cela se traduisait, pourquoi à leur avis ils ressentaient cela…) de façon à éclairer celles et ceux qui éprouvent des difficultés à identifier et nommer leurs émotions et leur ressenti.

Débattre pour élaborer la bonne attitude et les règles à respecter quand un(e) élève se trompe, sur la base du droit au respect et du droit de se tromper.

PROLONGEMENT : prévoir un retour d'expérience sur cette dernière question et, éventuellement, améliorer l'attitude de la classe face à l'erreur.

Ⓒ Comprendre pourquoi l'erreur est une étape indispensable de l'apprentissage 15 min

Cette activité, en apparence ludique, montre que trouver la solution passe parfois nécessairement par l'erreur : se tromper permet d'élaborer la solution. Évidemment, comme le précise l'ébéniste Marie Siudak à ses élèves : « Vous ne pourrez pas corriger vos erreurs si vous ne savez pas quelle erreur vous avez faite. »

Matériel : activité C du carnet élève.

1. Introduction en groupe classe : lire le titre de l'activité (À quoi cela sert-il de se tromper ?), au besoin accueillir les commentaires étonnés, puis lire ensemble la consigne et lancer l'activité.

2. Activité individuelle : tracer le chemin menant du chien à l'os ; barrer chaque impasse par un ● pour indiquer au chien de ne pas passer par là.

Fiche 19

En cas d'erreur, photocopier et coller dans le cahier pour recommencer l'exercice.

3. Correction en groupe classe : identifier le bon chemin (ci-contre).

4. Activité individuelle : décompter les ●.

Si un(e) élève n'en a aucun, préciser qu'il ou elle a sans doute oublié d'indiquer les impasses explorées (même mentalement) ou qu'il s'agit purement de chance, car il ou elle ne connaissait pas ce labyrinthe.

L'objectif n'était pas de se tromper le moins possible (c'est le hasard) mais d'identifier au final le bon chemin pour l'indiquer au chien.

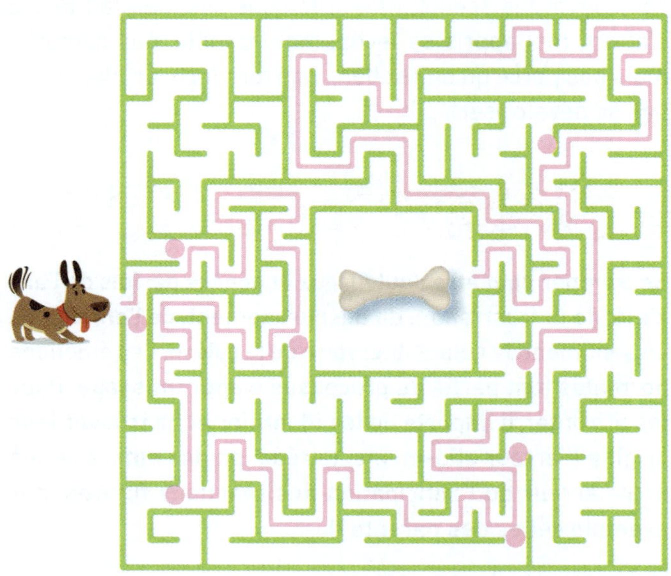

5. Conclusion : comprendre que se tromper est indispensable dans le processus d'apprentissage car cela permet de trouver comment réussir.

PROLONGEMENT :

- dans les jours et les semaines qui suivent, dédramatiser les erreurs en rappelant que c'est la voie de l'apprentissage ;
- raconter l'histoire de Thomas Edison, l'inventeur de l'ampoule électrique (encadré page suivante).

L'HISTOIRE DE THOMAS EDISON

Autrefois, les humains s'éclairaient grâce au feu : feu de camp ou feu de cheminée, bougie, torche, lampe à pétrole ou lampe à gaz. Cela éclairait mal, ne sentait pas toujours bon et était dangereux du fait des risques d'incendie. En 1878 (il y a 150 ans environ), Thomas Edison, jeune bricoleur de génie, se mit à chercher comment produire de la lumière à partir de l'électricité. Il eut l'idée de faire passer du courant électrique dans un filament pour le surchauffer et le faire briller. Ensuite, c'est l'histoire d'un acharnement. Avec l'aide de 30 chercheurs, Thomas Edison fabriqua toutes sortes de filaments : il testa 6 000 substances (papier, bois, écorce d'arbre, etc. sans oublier un poil de barbe). À chaque fois, c'était l'échec : l'ampoule s'allumait bien mais s'éteignait aussitôt.

Et puis, le 22 octobre 1879, une ampoule contenant un filament de coton carbonisé s'éclaira et resta allumée... 30 heures. C'était encore peu, mais son invention souleva l'enthousiasme. Thomas Edison passa le reste de sa vie à améliorer son invention. C'est grâce à lui et à son acharnement qu'aujourd'hui, nous avons de la lumière dans la classe, dans nos maisons et même dans la rue.

Cette histoire montre que même les chercheurs, même les inventeurs les plus géniaux se trompent, mais ils réussissent car ils ne se découragent pas, ils recommencent et ils se servent de leurs erreurs pour progresser.

D Identifier comment utiliser ses erreurs pour apprendre

15 min

L'activité met en valeur l'importance de la répétition et de l'erreur pour parvenir à la réussite.

Matériel : activité D du carnet élève.

Activité D1

1. Introduction en groupe classe : lire le titre de l'activité (Quelles sont les étapes pour ne plus se tromper ?) puis la consigne et lancer l'activité.

2. Activité individuelle : compléter.

3. Correction en groupe classe :

1. en premier, j'essaye ;

2. la première fois, je rate ;

3. j'essaye encore ;

4. je rate encore ;

5. j'essaye plein de fois et je progresse ;

6. je rate plein de fois sans me décourager ;

7. finalement, je réussis.

J'ai utilisé 3 fois le verbe rater et 1 fois le verbe réussir.

4. Conclusion : comprendre que le processus de réussite passe par l'erreur.

Activité D2

De nombreuses études montrent que les élèves ne comprennent ni ne mémorisent la majorité des corrections effectuées en classe. En effet, ils se contentent souvent de remplacer leur erreur par la bonne réponse : s'ils ne comprennent pas individuellement en quoi et pourquoi ils se sont trompés, ils reproduiront l'erreur. Ils doivent au contraire mobiliser la métacognition, qui consiste à explorer leur propre pensée, leur propre cheminement.

L'activité permet d'élaborer ensemble une stratégie permettant d'identifier ses erreurs, de manière à passer de l'échec à la réussite.

1. Activité individuelle préalable possible : fiche 20 page suivante.

2. Échange en groupe classe : chercher comment nos erreurs peuvent nous aider à réussir : que faut-il faire quand on nous rend un exercice, un devoir, une évaluation ?

Relever et inscrire les idées au tableau, compléter, organiser.

3. Conclusion : comprendre et intégrer la nécessité de regarder une à une ses erreurs, de les comprendre mais aussi de comprendre pourquoi on les a commises, de manière à ne plus les reproduire.

PROLONGEMENT :

- dans les jours et les semaines qui suivent, partager son « erreur du jour » et la leçon qu'on en a tirée ;
- effectuer un véritable travail de décryptage de ses erreurs sur une copie rendue (fiche 20 page 88 de ce guide, à photocopier).

Fiche 20

Je tire parti de mes erreurs Nom : ______________________

Ma copie de ______________________ Date : ______________________

Mon erreur	Je l'ai faite parce que…	Dans ma copie, j'ai fait cette erreur…	Pour éviter cette erreur, la prochaine fois…
____ ____ ____ ____	❑ j'ai cru que ____ ❑ je n'ai pas pensé ____ ❑ je n'ai pas compris ____ ❑ je ____	____ fois	Je ____
____ ____ ____ ____	❑ j'ai cru que ____ ❑ je n'ai pas pensé ____ ❑ je n'ai pas compris ____ ❑ je ____	____ fois	Je ____
____ ____ ____ ____	❑ j'ai cru que ____ ❑ je n'ai pas pensé ____ ❑ je n'ai pas compris ____ ❑ je ____	____ fois	Je ____

Des astuces pour apprendre par cœur

p. 68-69

Le *rote learning* ou mémorisation « par cœur » repose sur l'apprentissage mécanique et la répétition, avec pour objectif de mémoriser l'information avec exactitude. Cet apprentissage présente différents avantages : l'ancrage profond et précis de ce qui est appris (si le travail de mémorisation est bien fait), le renforcement des connexions neuronales en jeu, donc la restitution ultérieure, la création de repères ancrés, ce qui permet un gain de temps pour remobiliser l'information.

Mais le *rote learning* a des limites. L'apprentissage mécanique ne remplace pas la compréhension des concepts, à la fois parce que la mémoire fonctionne mieux lorsqu'elle est stimulée par la compréhension et parce que des informations apprises « par cœur » mais incomprises sont inutilisables. En outre, le « parcours » ne développe pas le questionnement et la réflexion, donc l'esprit critique.

Cet apprentissage s'avère donc extrêmement efficace dans certaines situations (tables de multiplication, caractères chinois, par exemple), beaucoup moins dans d'autres. Les élèves de cycle 3 commencent à distinguer ce qu'on leur demande d'apprendre « par cœur » et ce qu'ils doivent savoir en l'ayant compris, de manière à pouvoir répondre à un questionnement ou à l'appliquer dans un exercice.

A Identifier ce que l'on doit apprendre par cœur — 10 min

L'activité est l'occasion pour les élèves de faire le point sur ce qu'ils doivent apprendre par cœur (conjugaison, orthographe, tables d'addition et de multiplication, par exemple), ce qu'ils doivent comprendre (leçons d'histoire, de géographie, de sciences...) et ce qui peut varier suivant les attentes des enseignant(e)s (définitions, leçons de grammaire...).

Matériel : activité A du carnet élève.

1. Introduction en groupe classe : lire le titre de l'activité (Que dois-je apprendre par cœur et pourquoi ?), puis lancer l'activité.

2. Activité individuelle : identifier les attentes en matière d'apprentissage par cœur puis en chercher les raisons.

3. Correction en groupe classe :

– adapter les réponses de la première partie aux attentes de l'enseignant(e) ;

– identifier et expliquer les raisons de l'apprentissage par cœur : connaitre certaines informations pour toute la vie (tables de multiplication), les retrouver rapidement, les utiliser sans y penser et sans se tromper (multiplier sans réfléchir), entrainer la mémoire (poésie). Il ne s'agit en aucun cas d'embêter les élèves, et on n'en a pas nécessairement besoin pour évaluer (on peut évaluer sur des apprentissages sans « par cœur »).

PROLONGEMENT : dans les jours et les semaines qui suivent, se demander pourquoi on doit apprendre quelque chose par cœur.

B Comprendre l'intérêt d'apprendre des poésies « par cœur » — 10 min

Apprendre une poésie permet de découvrir la littérature, d'apprécier la beauté de la langue et de développer ses compétences linguistiques : le vocabulaire (la capacité à exprimer de manière précise et nuancée ses pensées et ses sentiments), la grammaire, la syntaxe et l'expression.
Mais l'apprentissage d'une poésie est également un exercice de mémorisation qui renforce les connexions neuronales et favorise la plasticité du cerveau, du fait de son caractère rigoureux (il faut apprendre chaque mot, chaque phrase, chaque virgule).
Enfin, l'apprentissage de la poésie développe la capacité à prendre la parole en public, à interpréter, à dire en mettant le ton.

Matériel : activité B p. 69 du carnet élève.

1. Introduction en groupe classe : lire le titre de l'activité (À quoi cela sert-il d'apprendre des poésies ?) puis la phrase introductive en bleu (*Apprendre une poésie, c'est découvrir la littérature, apprendre des mots nouveaux et de belles phrases. Mais cela développe aussi la mémoire*). Ensuite, lancer l'activité.

2. Activité individuelle : relier chaque élément de la colonne de gauche à un élément de la colonne de droite.

3. Correction en groupe classe :

– Quand j'apprends une poésie, je dois connaitre chaque mot, chaque phrase, chaque virgule dans le bon ordre : donc j'apprends à ma mémoire à être rigoureuse.

– Quand j'apprends une poésie, je crée de nouveaux chemins dans ma mémoire, que je pourrai réutiliser : donc apprendre par cœur développe ma mémoire.

– À force d'apprendre des poésies, je peux retenir des textes de plus en plus longs : donc apprendre par cœur développe ma mémoire.

– Quand j'apprends une poésie, on me donne du temps pour le faire : donc j'apprends à organiser mes apprentissages.

PROLONGEMENT : lors de la prochaine poésie, demander aux élèves de rappeler ces différents points.

C Découvrir et utiliser des astuces pour apprendre par cœur 30 min

On demande toujours aux élèves d'apprendre leurs leçons, mais on leur explique rarement comment le faire. Si, pour certains, l'apprentissage « par cœur » est spontané et facile, pour d'autres, le chemin s'avère ardu. Cette activité propose des astuces pour faciliter la mémorisation. Certaines sont ludiques, car les apprentissages sont portés par la motivation.

Matériel : activité C p. 68-69 du carnet élève.

1. Introduction en groupe classe : lire le titre de l'activité (Quelles astuces puis-je utiliser pour apprendre par cœur ?), puis lancer l'activité en demandant aux élèves d'explorer toutes les suggestions et de chercher des exemples pour bien se les approprier.

2. Activité individuelle : comprendre chaque astuce et donner un exemple d'usage possible. Si un(e) élève bloque, l'aider à se référer à des apprentissages récents (conjugaison, grammaire, tables de multiplication, leçons d'histoire...).

3. Retour en groupe classe : recueillir les exemples et partager, par exemple...

– faire un dessin pour retenir les symboles des rois de France (couronne, sceptre, manteau à fleurs de lys...) ;

– inventer une chanson pour retenir une règle de grammaire (certains ont sans doute appris l'alphabet en chanson à la maternelle) ;

– créer une phrase avec les mots à retenir : Mourir ne prend qu'un « r » car on ne meurt qu'une fois mais Nourrir prend deux « r » car on se nourrit plusieurs fois • Courir ne prend qu'un « r » car on manque d'air en courant • L'hirondelle prend deux « l » car elle vole avec ses deux ailes • Les stalactites tombent et les stalagmites montent ;

– créer des flashcards pour apprendre des mots en anglais (dessin d'un côté, mot en anglais de l'autre), des dates (évènement d'un côté, date de l'autre), l'orthographe de certains mots (dessin d'un côté, orthographe de l'autre)...

– jouer au jeu des erreurs : une poésie, mais aussi toute leçon, par cœur ou pas.

4. Conclusion : inviter les élèves à tester ces astuces une à une.

PROLONGEMENT : par la suite, effectuer un retour d'expérience et inviter les élèves à sélectionner leurs astuces préférées selon les situations.

PROLONGEMENT : proposer d'autres astuces, y compris pour apprendre autrement que « par cœur ».

• créer des acronymes en formant un mot avec les premières lettres d'une série de mots à retenir (ROJVBIV pour rouge orange jaune vert bleu indigo violet, les couleurs de l'arc-en-ciel) ;

• créer des acrostiches en formant une phrase à partir des initiales d'une liste de mots (Me Voici Toute Magnifique Je Suis Une Nébuleuse pour Mercure, Vénus, Terre, Mars, Jupiter, Saturne, Uranus, Neptune) ;

• créer une phrase avec des mots à retenir (autrefois, on mémorisait les conjonctions de coordination avec « Mais où est donc ornicar ? ») ;

• classer par ordre alphabétique (Bordeaux, Lyon, Marseille, Paris) ;

• regrouper les informations (une liste de pays par continent) ;

• une fois encore, jouer de son corps (tracer avec le doigt la terminaison d'une conjugaison en même temps qu'on la dit à voix haute).

FABRIQUER DES FLASHCARDS

Matériel : papier cartonné, ciseaux, matériel d'écriture (crayon à papier, stylos à pointe épaisse, marqueurs, surligneurs, crayons de couleur, feutres...), gomme, brouillon.
Pour protéger, feuille de plastique autocollante ou pochettes transparentes à découper et scotch.
Pour créer des flashcards réutilisables : feutre effaçable.

Le modèle que nous proposons page suivante prévoit de plier les cartes en deux et de les coller. De cette façon, elles seront plus solides, mais surtout, cela permet de les fabriquer en visualisant les deux côtés simultanément, ce qui limite les risques d'erreur.

Étapes de fabrication :

1. Identifier avec précision ce que l'on veut apprendre : toute la phase préparatoire est essentielle, car de mauvaises flashcards ne servent pas à grand-chose.

2. Sur un tableau en deux colonnes, au brouillon, écrire l'information à retrouver (colonne 1) et l'élément qui permettra de le retrouver (colonne 2). Par exemple :

tomato	
egg	
cheese	
apple	
fish	

1789	prise de la Bastille
800	sacre de Charlemagne
1804	sacre de Napoléon
1944	droit de vote des femmes
1848	droit de vote des hommes

je vais	verbe aller présent première personne du singulier
nous mangerons	verbe manger futur première personne du pluriel
vous couriez	verbe courir imparfait deuxième personne du pluriel
il a pris	verbe prendre passé composé troisième personne du singulier
sois	verbe être impératif deuxième personne du singulier

3. Vérifier que cela fonctionne bien.

4. Prévoir déjà, à ce stade, ce que l'on pourra mettre en valeur (par exemple, la terminaison des conjugaisons) en encadrant, soulignant, mettant en couleur.

5. Recopier chaque ligne du tableau sur une carte, recto verso.

6. Découper les cartes, les plier et les coller.

7. Vérifier une à une les cartes (pour s'assurer qu'il n'y a pas d'erreurs).

8. Éventuellement, plastifier les cartes. On peut alors les utiliser aussi comme cartes effaçables, à condition de les effacer régulièrement pour que cela ne laisse pas de traces.

On peut aussi créer des flashcards en séance informatique, en complétant un modèle créé sur un traitement de texte, puis en imprimant, découpant et mettant en couleur, ou utiliser une plateforme de création de flashcards en ligne comme Digiflashcards, qui ne demande pas de créer un compte en ligne. Mais l'écriture manuscrite favorise la mémorisation et permet d'éviter les écrans.

Attention, les flashcards ne fonctionnent pas si elles restent dans un tiroir.
Elles servent à apprendre, à réviser, voire à jouer entre amis pour réviser encore et se tester.

Déjouer les bugs de mon cerveau

p. 70-71

Les biais cognitifs sont des mécanismes de pensée qui causent une déviation du jugement : par exemple, le biais de confirmation (tendance à absorber et retenir les informations qui confirment nos croyances préexistantes), le biais d'ancrage (tendance à s'appuyer sur la première information reçue), le « biais de l'autruche » (tendance à ignorer les informations négatives et les mauvaises nouvelles), le biais de disponibilité (tendance à estimer la probabilité d'un évènement en fonction de la facilité avec laquelle des exemples viennent à l'esprit). Les biais cognitifs, inhérents à notre cerveau, s'appuient sur la tendance de simplification par le cerveau. Ils affectent nos perceptions, nos décisions et nos interactions sociales. Ils influencent significativement notre jugement et notre prise de décision. Certains parasitent les processus d'action. Il importe donc de les identifier et d'agir pour les minimiser.

A Lutter contre le pilotage automatique du cerveau — 30 min

Le cerveau fonctionne de manière complexe et combine en permanence un fonctionnement en mode automatique et un fonctionnement contrôlé.

Le mode automatique, constamment actif, traite des milliers d'informations par seconde, orchestrant des tâches inconscientes comme respirer, et des tâches automatiques comme marcher sans réfléchir à ses pas, s'habiller sans chercher comment enfiler un pantalon, écrire sans s'interroger sur la forme des lettres… Le mode automatique gère également nos réactions instinctives et émotionnelles. Il est rapide et consomme peu d'énergie, mais il est sujet aux erreurs et aux biais cognitifs.

Le mode contrôlé est mobilisé pour les tâches conscientes et délibérées, comme choisir ses vêtements, imaginer la phrase que l'on va écrire, apprendre une nouvelle compétence, résoudre un problème… Ce mode est plus lent et consomme davantage d'énergie, mais il est moins sujet aux erreurs.

L'activité met en évidence le pilotage automatique du cerveau, solution de facilité mais source d'erreurs.

Matériel : activité A du carnet élève.

1. Introduction en groupe classe : lire le titre de la fiche (Comment éviter que mon cerveau fonctionne en pilotage automatique ?) puis lancer les activités.

Activité A1

Elle reproduit le test de Stroop (1935) utilisé par les psychologues pour mesurer l'attention et le contrôle inhibiteur. Elle met en œuvre et en interférence deux fonctions cognitives : nommer une couleur utilisée pour écrire un mot sans se laisser distraire par le mot, qui désigne une autre couleur (par exemple, Jaune se dit « vert », car il est écrit en vert). La tâche demande une bonne concentration, car le sujet doit inhiber la lecture automatique du mot, ce qui est très couteux en attention.

1. Activité en groupe classe : nommer en chœur et rapidement les couleurs successives utilisées pour écrire chaque mot (et non le mot écrit). **Rouge Jaune Vert Vert Jaune Bleu Vert Rouge Bleu Vert Rouge Jaune Vert Bleu**

2. Correction en groupe classe : Bleu Vert Jaune Bleu Rouge Vert Rouge Vert Jaune Bleu Jaune Bleu Rouge Vert.

3. Retour en groupe classe : constater le nombre d'erreurs et comprendre que le cerveau peut facilement nous induire en erreur.

Activité A2

1. Activité en groupe classe : demander à la classe de nommer en chœur et rapidement « le plus grand des deux nombres » (celui qui est supérieur à l'autre), non pas le plus grand en taille.

2. Correction en groupe classe : 7, 15, 21, 25, 18, 19.

3. Retour en groupe classe : constater le nombre d'erreurs et comprendre que le cerveau peut facilement nous induire en erreur.

Activité A3 : Jacadi

1. Activité en groupe classe : jouer à Jacadi.

JACADI – JACQUES A DIT…

But du jeu : suivre des consignes codifiées.

Intérêt : fixer son attention sans laisser le cerveau fonctionner en pilotage automatique.

Partie : les élèves appliquent les consignes (simples et de plus en plus rapides) données par l'enseignant(e), à condition qu'elles soient précédées de « Jacques a dit ».

Exemple :

– Jacques a dit : « Levez les mains » (les élèves lèvent les mains).

– Mais « Levez les mains » (si un(e) élève lève les mains, il ou elle perd un point).

Pour que la classe participe à tout le jeu, on n'élimine pas les élèves qui se trompent.

2. Retour en groupe classe : constater le nombre d'erreurs et comprendre que le cerveau peut facilement nous induire en erreur.

3. Conclusion : comprendre que le cerveau fonctionne souvent en pilotage automatique. C'est indispensable pour respirer, marcher, manger... C'est pratique pour certaines activités comme lire, compter... Mais parfois, cela amène à commettre des erreurs.

4. Activité individuelle : chercher comment éviter que le cerveau se mette en pilotage automatique.

5. Retour en groupe classe : comprendre que l'une des raisons pour lesquelles on se laisse aller au pilotage automatique, c'est que ce n'est pas fatigant (dans le cas des activités s'ajoutait l'excitation de vouloir répondre). Pour ne pas y succomber, il faut faire attention, se concentrer, prendre son temps pour comprendre avant de répondre...

PROLONGEMENT : bien d'autres activités ludiques mettent en valeur le « pilotage automatique » du cerveau, notamment :

- ni oui ni non, qui sollicite les réponses réflexes « oui » et « non » (mais aussi, demander de ne pas énoncer ces deux mots focalise l'attention sur eux et pousse à les prononcer) ;
- le chameau : taper très vite dans ses mains chaque fois que l'on en tend le mot « chameau » ; l'enseignant(e) sème la confusion avec des mots comportant la syllabe [cha] (chat, chapitre, château, chamois...) puis le son [ch] (chinois, chantier...) ;
- le panier de fruits, qui présente des points communs avec le test de Stroop : jouer avec des cartes représentant des fruits dans une couleur différente de leur véritable couleur ; à chaque carte tirée, il faut nommer très vite la vraie couleur du fruit, non celle que l'on voit sur la carte.

B Travailler la flexibilité cognitive — 30 min

La flexibilité cognitive (ou mentale) est la capacité à passer rapidement et efficacement d'une pensée à une autre. Cette fonction exécutive du cerveau joue un rôle essentiel dans l'adaptation aux changements. Elle nous permet de changer d'activité, d'adapter nos comportements aux circonstances, de nous adapter à des situations inattendues, d'abandonner une solution qui ne fonctionne pas pour explorer une nouvelle voie, de modifier notre stratégie de manière flexible et adéquate, de rectifier nos erreurs, de changer de perspective pour comprendre différents points de vue et de rester réactifs.

L'activité met en évidence les limites de la flexibilité mentale pour inciter les élèves à en tenir compte, notamment lors des changements d'activités.

Matériel : activité B p. 70-71 du carnet élève.

Activité B1

1. Introduction en groupe classe : lancer le travail individuel sans lire le titre de l'activité, pour ne pas alerter les élèves sur le fait que la consigne a changé. Accorder 30 secondes pour la première partie de l'activité, de manière à favoriser les erreurs.

2. Activité individuelle : entourer le nombre le plus grand en taille.

3. Correction en groupe classe : 2, 15, 12, 25, 17, 18. Constater que certains ont, spontanément, appliqué la consigne de l'activité précédente (dédramatiser : le fait de ne pas lire ensemble la consigne et le fait d'accorder un temps très court a stressé le cerveau, qui a cherché à s'économiser en fonctionnant en pilotage automatique).

Activité B2

1. Introduction en groupe classe :

– lire la consigne et accorder 10 secondes aux élèves pour entourer en bleu les mots contenant le son [ra] ;

– lire la consigne suivante et accorder 10 secondes aux élèves pour barrer en vert les mots commençant par le son [ar].

2. Correction en groupe classe :

– entourer en bleu les mots contenant le son [ra], à savoir râteau • caméra • rat • raquette • cobra • racine • radis • radio ;

– ~~barrer~~ en vert les mots commençant par le son [ar], donc arbre • arc-en-ciel ; il fallait s'adapter à trois changements dans la consigne (barrer au lieu d'entourer, en vert au lieu du bleu, le son [ar] au lieu du son [ra]).

3. Activité individuelle : indiquer individuellement le nombre d'erreurs effectuées, toujours en dédramatisant (c'est un test, un jeu).

4. Conclusion : constater que le cerveau a du mal à changer rapidement d'activité, à modifier sa stratégie. À chaque nouvel exercice, il faut donc prendre le temps de lire et de comprendre la consigne.

Activité B3 : devinette

1. Activité en groupe classe : lire la consigne et lancer l'activité. L'enseignant(e) nomme, écrit le nom ou montre la photo d'un animal et, très vite, les élèves doivent pousser un autre cri que le sien. Par exemple : la poule, la vache, le hibou, l'éléphant, le cheval, le coq, le tigre, le serpent, le canard, la chèvre, le pigeon, l'ours, la baleine...

2. Activité individuelle : inscrire le nombre d'erreurs faites par la classe.

3. Activité en groupe classe : lire la consigne et lancer l'activité. Les élèves doivent répondre très vite par un seul mot, en chœur.

– Quelle est la couleur du sel ? blanc
– Quelle est la couleur du nuage ? blanc
– Quelle est la couleur du papier ? blanc
– Quelle est la couleur de l'agneau ? blanc
– Quelle est la couleur du sucre ? blanc
– Quelle est la couleur du coton ? blanc
– Que boivent les vaches ? de l'eau et pas du lait, mais les élèves s'étant focalisés sur la couleur blanche risquent de mal répondre.

4. Conclusion : constater que le cerveau a du mal à changer rapidement sa focale. À chaque nouvelle question, il faut donc prendre le temps d'écouter et de comprendre.

Activité B4

1. Activité en groupe classe : lire la consigne, au besoin expliciter avec un exemple (*bleu B C D rouge F G...*) puis lancer l'activité. L'enseignant(e) désigne au hasard (pour éviter que certains se préparent en comptant leur tour) les élèves qui, très vite, nomment la consonne suivante ou une couleur.

2. Conclusion : constater qu'il y a eu des erreurs ou, tout au moins, que cela a été difficile pour certains, car notre cerveau a du mal à changer rapidement son mode de réponse (nomme une lettre ou une couleur).

1. Conclusion de l'ensemble des activités : la flexibilité cognitive peut être améliorée par diverses activités qui stimulent le cerveau, comme les jeux de réflexion, la lecture, l'apprentissage de nouvelles compétences mais aussi des activités ludiques comme celles que l'on vient d'effectuer.

PROLONGEMENT : d'autres activités ludiques mettent en valeur la difficile flexibilité du cerveau, notamment

- le furet, qui consiste à énoncer une suite de nombres en en omettant, par exemple ceux qui contiennent le chiffre 5 (20 21 22 23 24 26 27 28 29...) ;
- le code secret : à l'écrit, remplacer dans un mot chaque lettre par la lettre suivante dans l'ordre alphabétique puis, pour le mot d'après, par la lettre précédente, et ainsi de suite.

C Éviter l'échec programmé

10 min

D'après Paolo Coelho, « la seule chose qui puisse empêcher un rêve d'aboutir, c'est la peur d'échouer ». L'échec programmé est une « prophétie autoréalisatrice », un processus par lequel un ou une élève est tellement persuadé(e) de son incapacité à réussir qu'il ou elle provoque inconsciemment son échec.

Ce biais cognitif peut devenir un véritable cercle vicieux : la crainte de l'échec est en partie responsable des échecs répétés des « mauvais » élèves (les élèves qui se croient « mauvais »). En prendre conscience permet de réduire l'échec programmé pour le remplacer par un cercle vertueux de « réussite programmée », qui repose alors sur la conviction de sa propre réussite, portée par l'attitude de la classe et soutenue par celle de l'enseignant(e) (le fameux « effet Pygmalion », mécanisme psychologique selon lequel les attentes positives ou négatives du pédagogue envers un(e) élève augmentent ou restreignent ses chances de réussite).

Matériel : activité C du carnet élève.

1. Introduction en groupe classe : lire le titre de l'activité (Comment dire à mon cerveau de réussir ?), éventuellement procéder à un recueil des représentations puis lancer l'activité.

2. Activité individuelle : colorier ce qui aide Assa à marquer un panier au basket.

3. Correction en groupe classe :

– « Tu es trop forte ! » (les deux autres montrent le peu de confiance de l'entourage d'Assa, ce qui ne stimule pas son succès ; en outre, elles focalisent l'attention sur l'échec et incitent Assa à imaginer son échec au milieu de son succès) ;
– « Je suis super bien placée », pour les mêmes raisons.

4. Conclusion : comprendre l'importance, pour réussir, de la conviction en ses propres capacités mais aussi du soutien de l'entourage (*Je réussis mieux quand les autres croient en moi et surtout quand moi-même je crois en moi*).

PROLONGEMENT : prolonger la réflexion collective entamée à la fin de la séquence « Se tromper pour réussir » et renforcer les bonnes habitudes collectives (respect, tolérance...) lors des erreurs dans la classe.

Être attentif pour mieux apprendre

p. 72-73

L'attention est la capacité cognitive de se concentrer sur certaines informations ou certaines tâches en ignorant les autres stimuli : de se focaliser sur les informations pertinentes pour atteindre un but, en filtrant les distractions potentielles. Elle permet de comprendre de nouvelles informations, d'apprendre de nouvelles compétences, de mémoriser efficacement, de performer lors de la restitution ou de la mise en application.

La capacité d'attention varie selon les individus : ainsi certains élèves sont capables de sélectionner et traiter certaines informations en en repoussant quantité d'autres, tandis que d'autres élèves, du fait de la fatigue, d'un moindre intérêt pour la tâche à accomplir, et surtout d'un potentiel moindre, traitent moins d'informations ou sont distraits par de nombreux parasites (informations non pertinentes mais aussi bruits, mouvements...). En particulier, le TDAH (trouble déficitaire de l'attention avec ou sans hyperactivité), condition neurologique innée chez l'individu, entraine des problèmes de concentration (mais également de l'impulsivité, voire de l'hyperactivité), qui gêne considérablement la concentration.

Il ne s'agit pas ici de détecter les élèves atteints de TDAH (évaluation qui relève des professionnels, même si les enseignant(e)s ont un rôle à jouer pour alerter les parents du bénéfice d'une évaluation) mais d'aider tous les élèves à évaluer leur capacité d'attention et à la développer, en fonction de leur potentiel, ainsi qu'à mobiliser la classe pour qu'elle prenne conscience de la gêne qu'elle peut occasionner sur l'attention de certains élèves.

Ⓐ Évaluer sa propre capacité d'attention 25 min

L'activité permet aux élèves de prendre conscience de leur capacité d'attention, d'identifier s'ils sont plutôt attentifs/attentives ou facilement distrait(e)s, de reconnaitre les facteurs de distraction (bruit, agitation, tâches multiples).

Matériel : activité A du carnet élève + une étiquette « mission secrète » par élève (**fiche 21** p. 99 de ce guide, à photocopier).

1. Introduction en groupe classe : lire le titre de l'activité (Est-ce que je mobilise facilement mon attention ?). Préciser qu'il s'agit d'un test, non d'un exercice (il n'y a rien à « réussir »). Puis lancer l'activité :

MISSIONS SECRÈTES

Déroulé :

1. Expliquer le jeu : les élèves vont recevoir une mission secrète et devront l'appliquer.

2. Distribuer ou tirer au sort les « missions secrètes » (**fiche 21** p. 99). Les élèves ne doivent pas la dévoiler et devront l'appliquer à la lettre.

3. Écrire au tableau : **chalands 323 541 éperdument @ indigotier ¿ 2 569 847 cataclysme Ω sempiternel ∑** (ou tout texte comportant des mots difficiles, des nombres élevés et des signes inconnus des élèves).

4. Lancer le top départ en annonçant un délai de 3 minutes pour recopier le tableau et effectuer sa mission secrète.

5. Pendant ces 3 minutes, bouger, faire du bruit, effectuer des pas chassés dans la classe, effacer une partie de la phrase et la recopier, siffloter, interpeler les élèves sur tout autre chose : bref, générer tous les distracteurs possibles.

6. Au bout de 3 minutes, annoncer la fin de l'exercice.

2. Activité individuelle : réaliser sa mission secrète le mieux possible.

3. Correction en groupe classe : vérifier signe à signe chalands 323 541 éperdument @ indigotier ¿ 2 569 847 cataclysme Ω sempiternel ∑.

4. Retour en groupe classe : vérifier que les missions secrètes ont été réalisées (chacun a-t-il bien effectué ce qui lui était demandé en plus de copier le texte ?).

5. Activité individuelle : colorier pour évaluer sa mission : en orange la phrase copiée, en vert le reste de la mission.

6. Retour en groupe classe : procéder à un retour sur ce qui a gêné les élèves pendant leur mission : la présence de mots difficiles, de nombres longs, de signes inconnus (¿ qui est un signe de ponctuation espagnol, Ω et ∑ qui sont des lettres grecques), le bruit, l'agitation, l'incompréhension de ce qu'il fallait faire (trop d'informations) ou la crainte de ne pas bien remplir sa mission.

7. Activité individuelle : entourer l'étiquette qui correspond le mieux à sa situation personnelle.

8. Retour en groupe classe : sur la base du volontariat puis décompte à main levée pour identifier le nombre d'élèves qui, dans la classe, se déconcentrent facilement.

9. Conclusion : comprendre que chacun a une capacité d'attention plus ou moins grande, tout le monde n'est pas concentré de la même manière, et cela peut aussi dépendre des moments, des jours, de l'humeur, de la fatigue, des distractions autour de soi...

Ⓑ Apprendre à développer son attention

20 min

Quelle que soit sa capacité d'attention, chacun peut la développer de façon à la maintenir plus fortement et plus longtemps.

Attention, cependant : les élèves souffrant d'un TDAH diagnostiqué doivent faire avec leurs propres freins neurologiques, et leur dire de « faire attention » les culpabilise sans leur fournir de solution.

Matériel : activité B du carnet élève.

1. Introduction en groupe classe : lire le titre de l'activité (Comment puis-je mieux me concentrer ?), éventuellement inviter à donner quelques idées puis lancer l'activité.

2. Activité individuelle : cocher les réponses qui, individuellement, semblent justes.

3. Correction en groupe classe : correction collective de ce qui est bon pour tous, par exemple...

☑ ce qui est bon pour tous avant de se mettre au travail : se dépenser, se défouler, préparer son matériel pour ne pas s'interrompre soi-même (tous les élèves peuvent en bénéficier) ;

☑ ce qui est bon pour tous pendant le travail : faire des pauses (pas trop, pas trop longues, et pas comme une échappatoire pour moins travailler) au cours desquelles on gagne tous à bouger, s'étirer, bâiller (cela redonne de l'énergie au corps, donc à l'esprit), respirer profondément (cela apaise les tensions et permet de se reconcentrer) ;

☑ ce qui est bon pour certain(e)s : colorier un mandala (pour ceux qui aiment le faire) car cela détend l'esprit, jouer avec un animal (si on en a un), car cela défoule et apaise l'esprit, tripoter une balle antistress pendant que l'on écoute, pour occuper ses mains (mais certains n'aiment pas cela) ;

☑ ce qui n'est bon pour personne : tout faire pour rester immobile ou se répéter que l'on doit rester concentré, car cela focalise l'esprit sur l'objectif d'immobilité ou de concentration et non sur la tâche à effectuer, donc déconcentre ; jouer à un jeu vidéo (on le reverra lors de la séquence sur les écrans) pendant une pause, car cela excite le cerveau et y installe des images qui occupent de la place, même inconsciemment, donc réduit l'espace disponible pour la concentration et les apprentissages.

4. Conclusion : découvrir ensemble l'astuce qui permet de se reconcentrer ; tracer plusieurs fois en l'air ou sur la table, avec le doigt, le signe de l'infini, geste qui a la vertu de réassocier les deux hémisphères du cerveau.

Ⓒ Apprendre à ne pas déconcentrer les autres

15 min

L'activité vise à faire prendre conscience à la classe des conséquences de son attitude sur la capacité d'attention de certains élèves.

Matériel : activité C du carnet élève.

1. Introduction en groupe classe : lire le titre de l'activité (Comment faciliter l'attention des autres ?), puis la phrase en bleu (*Même si je n'ai pas de problème de concentration, je suis concerné/concernée par la concentration de la classe : car plus la classe est concentrée, plus les activités sont rapides*).

2. Débat en groupe classe : chercher ce qui, dans la classe, gêne la concentration et trouver ensemble des solutions, par exemple réduire les bruits, éviter les bavardages, limiter les déplacements pendant le travail individuel...

3. Conclusion : lancer un défi de classe avec ces solutions pour ne pas distraire les autres.

PROLONGEMENT : inciter les élèves qui ont le plus de mal à maintenir leur attention à avoir pendant quelques jours une feuille de brouillon sur leur table pour y noter au fur et à mesure ce qui les perturbe, puis faire un retour en classe pour que les autres fassent plus attention à eux.

Fiche 21 : missions secrètes

Recopie le tableau et, en plein milieu, lève-toi et rassieds-toi plusieurs fois en faisant du bruit.	Recopie le tableau et, au milieu, dis : « Mais c'est trop dur ! »	Recopie le tableau et fais plusieurs fois tomber tes affaires.
Recopie le tableau et, en plein milieu, lève-toi et rassieds-toi plusieurs fois en faisant du bruit.	Recopie le tableau et, au milieu, dis : « Mais ça veut dire quoi ? »	Recopie le tableau et fais plusieurs fois tomber tes affaires.
Pendant que tu recopies le tableau, pose-moi une question à voix haute.	Recopie le tableau et regarde plusieurs fois ce que fait ton voisin ou ta voisine, pour l'agacer.	Recopie le tableau et prononce à voix haute, lettre par lettre, ce que tu écris.
Pendant que tu recopies le tableau, pose-moi une question à voix haute.	Recopie le tableau et regarde plusieurs fois ce que fait ton voisin ou ta voisine, pour l'agacer.	Recopie le tableau et, pendant que tu écris, fais des bruits avec ta bouche ou ta langue.
Recopie le tableau et demande à ton voisin ou à ta voisine ce que c'est que ce point d'interrogation à l'envers.	Recopie le tableau et fouille plusieurs fois bruyamment dans ton cartable.	Recopie le tableau et, en plein milieu, va jeter un papier à la poubelle en faisant du bruit.
Recopie le tableau et demande à ton voisin ou à ta voisine le nom de la dernière lettre.	Recopie le tableau et fouille plusieurs fois bruyamment dans ton cartable.	Recopie le tableau et, en plein milieu, va jeter un papier à la poubelle en faisant du bruit.
Recopie le tableau et, en plein milieu, crie « aïe ».	Recopie le tableau et fais plusieurs fois du bruit avec ta trousse.	Recopie le tableau et, en plein milieu, lève-toi et rassieds-toi plusieurs fois en faisant du bruit.
Recopie le tableau et, en plein milieu, soupire très fort et dis : « Oh la la ! »	Recopie le tableau et fais régulièrement du bruit avec un stylo.	Recopie le tableau et, en plein milieu, lève-toi et rassieds-toi plusieurs fois en faisant du bruit.
Recopie le tableau et, en plein milieu, écris ton nom sur ta mission secrète.	Recopie le tableau et, en plein milieu, demande-moi s'il y a cours de géographie aujourd'hui.	Recopie le tableau et soupire plusieurs fois et bien fort pour montrer que c'est difficile.
Recopie le tableau et, en plein milieu, écris ton nom sur ta mission secrète.	Recopie le tableau et, en plein milieu, demande-moi s'il y a piscine demain.	Recopie le tableau et soupire plusieurs fois et bien fort pour montrer que c'est difficile.

Se motiver pour mieux apprendre

p. 74-75

La motivation est un état intérieur qui pousse à agir en vue d'atteindre un objectif : satisfaire un besoin, réaliser un rêve, résoudre un problème… elle est cruciale dans de nombreux aspects de la vie, notamment en ce qui concerne l'engagement des élèves dans les apprentissages.

La motivation extrinsèque repose sur la reconnaissance sociale (l'envie de plaire à l'enseignant(e), à ses parents, de capter l'attention des autres élèves, de se sentir pleinement membre de la classe…), sur les récompenses espérées (les bonnes notes…) et la peur des sanctions (il est prouvé que la « carotte » est beaucoup efficace à long terme que le « bâton »). Elle repose aussi sur les moyens utilisés (par exemple, certains élèves sont motivés dès qu'il s'agit de travailler sur ordinateur). La motivation extrinsèque doit progressivement céder le pas à une motivation intrinsèque, portée par la curiosité, l'envie de faire, de réussir, la satisfaction du travail bien fait…

Il n'existe pas de « méthode miracle » pour susciter la motivation, mais elle est stimulée par la compréhension de ce que l'on fait, par des objectifs clairs, raisonnables (ni trop faciles ni trop difficiles) et opérationnels (les élèves savent par eux-mêmes s'ils les ont atteints) et par des retours réguliers (permettant de se situer par rapport à l'objectif initial). Elle est meilleure dans un environnement favorable (une salle de classe agréable, des tables rangées, du matériel en bon état, des cahiers bien tenus, un groupe classe et un(e) enseignant(e) bienveillant(e)…). Elle est largement portée par la « prophétie autoréalisatrice » de la réussite : plus un(e) élève est persuadé(e) de sa capacité à faire ce qu'on lui demande, plus il ou elle s'investit.

A Explorer sa propre motivation — 10 min

Cette première activité amène les élèves à s'interroger sur les situations dans lesquelles ils ou elles se sentent motivé(e)s.

Matériel : activité A du carnet élève.

1. Introduction en groupe classe : lire le titre de l'activité (Dans quelle situation suis-je motivé/motivée ?), puis lancer l'activité en disant qu'il s'agit d'une auto-observation, pas d'un exercice avec de « bonnes » et de « mauvaises » réponses.

2. Activité individuelle : colorier en vert les situations où on se sent personnellement motivé/motivée et en rouge celles où on ne sent pas motivé/motivée ; éventuellement, compléter avec d'autres idées.

3. Retour en groupe classe : sur la base du volontariat.

4. Conclusion : constater la variété des motivations selon les élèves (même si des tendances communes émergent dans certaines situations et activités).

B Identifier les moteurs de la motivation — 15 min

L'activité propose une auto-observation amenant à s'interroger sur son ressenti et les causes de sa motivation.

Matériel : activité B du carnet élève.

1. Introduction en groupe classe : lire le titre de l'activité (Quand je suis motivé/motivée, que se passe-t-il dans ma tête ?), puis lancer l'activité.

2. Activité individuelle : cocher ce qui entraine personnellement la motivation et, éventuellement, compléter avec d'autres idées.

3. Retour en groupe classe : sur la base du volontariat. L'important n'est pas la qualité éthique de la motivation (être le plus fort, susciter l'admiration des autres) que l'honnêteté par rapport à soi-même.

4. Conclusion : constater la grande diversité des sources de motivation.

PROLONGEMENT : dans les jours et les semaines qui suivent, inciter les élèves à s'interroger (sans nécessairement partager la réponse) sur ce qui les motive lors des différentes activités.

Ⓒ Comprendre les conséquences de la motivation ou de l'absence de motivation

15 min

L'activité permet d'explorer les effets de la motivation ou de l'absence de motivation sur son engagement dans le travail.

Matériel : activité C du carnet élève.

1. Introduction en groupe classe : lire le titre de l'activité (Comment fonctionne ma motivation ?), puis lancer l'activité.

2. Activité individuelle : colorier (le plus honnêtement possible) sa motivation habituelle envers l'école. Identifier par une boule verte ce qui se passe quand on se sent motivé(e) puis, par une boule rouge, ce qui se passe quand on ne l'est pas.

3. Retour en groupe classe : sur la base du volontariat ; l'enseignant(e) demande quel(le) élève veut expliquer ce qu'il ou elle a colorié (☺ 😐 ☹) puis, sur chaque item, quel(le) élève veut dire pourquoi il ou elle l'a sélectionné en vert ou en rouge. Accueillir toutes les réponses avec bienveillance, remarquer peut-être la diversité des points de vue et identifier les constantes :

– la motivation rendre fier/fière de soi, on travaille bien du premier coup, on s'applique, on travaille avec plaisir ;

– le manque de motivation pousse à travailler lentement ou, au contraire, trop vite et n'importe comment, à faire n'importe quoi (pour vite être débarrassé, mais il faudra recommencer), il génère de l'indifférence, de l'agacement, de la déception envers le résultat.

4. Conclusion : distinguer la motivation (pas obligatoire) et la mise en action (on n'est pas obligé(e) d'avoir envie, mais certaines activités sont obligatoires) et comprendre que la motivation rend le travail plus facile et plus agréable.

PROLONGEMENT : exercice à effectuer dans l'escalier, qui permet de mettre en valeur la différence d'effort à fournir avec et sans motivation. Demander aux élèves de monter les marches une à une, pied entier bien à plat sur chaque marche, tranquillement ; puis continuer en ne mettant que l'avant du pied sur le bord de la marche pour monter de manière dynamique. Alterner jusqu'à être en mesure de différencier : la première méthode semble plus tranquille mais demande, en réalité, plus d'efforts : la seconde semble demander plus d'efforts mais permet de monter plus facilement. Effectuer un parallèle avec la motivation : aborder le travail avec motivation, c'est comme monter l'escalier avec énergie, c'est plus facile.

Ⓓ Prendre conscience de l'influence de la motivation individuelle sur celle du groupe

15 min

La motivation est une affaire personnelle, mais l'ardeur des uns ou, au contraire, le manque de motivation des autres peut déteindre sur le groupe classe.

Matériel : activité D du carnet élève.

1. Introduction en groupe classe : lire le titre de l'activité (Comment fonctionne la motivation de la classe ?), puis lire et expliciter la phrase en bleu (*En classe, le manque de motivation d'un(e) seul(e) élève peut décourager les autres. À l'inverse, la motivation des uns encourage les autres et même l'enseignant(e). Si chacun fait un effort, c'est plus facile, plus rapide et plus agréable pour tous*).

2. Débat en groupe classe : réfléchir collectivement à ce que la classe peut faire pour se motiver. Par exemple : s'encourager mutuellement, lancer un top départ au début d'une activité, venir en aide à un voisin ou une voisine moins motivé(e), limiter le temps d'une activité pour la terminer rapidement et passer à une activité que l'on préfère.

PROLONGEMENT : dans les jours et les semaines qui suivent, tester les différentes méthodes, puis procéder à un retour d'expérience et améliorer.

p. 76-77

Manger pour mieux apprendre

Pour « fonctionner à plein régime », le cerveau a besoin de beaucoup d'énergie et d'une grande variété de matériaux pour se construire, se développer, s'entretenir, se protéger, connecter les neurones et leur permettre de communiquer. Il trouve cela dans l'alimentation, qui fournit les nutriments (que l'on peut envisager comme des « briques » de matière, seules molécules qui entrent dans le corps en dehors de l'air que nous respirons, lequel ne construit pas la matière du corps) nécessaires à la croissance, au maintien en vie et au fonctionnement cérébral (sans alimentation, on ne peut plus réfléchir).

A Comprendre l'importance de se nourrir, notamment dans le cadre de la croissance — 15 min

En lien avec le programme de sciences et technologie sur l'alimentation, l'activité rappelle le caractère indispensable de l'alimentation, en travaillant sur deux aspects importants : l'apport de nutriments (comme des pièces de Lego nécessaires pour construire le corps et le cerveau) et la fourniture d'énergie (comme le carburant qui permet de mettre la voiture en marche).

Matériel : activité A du carnet élève.

1. Introduction en groupe classe : lire le titre de l'activité (À quoi cela sert-il de manger ?), puis lancer l'activité.

2. Activité individuelle : colorier et compléter.

3. Correction en groupe classe :

– J'ai besoin de nutriments pour faire grandir et grossir mon corps et mon cerveau.

– Je trouve ces nutriments dans ce que je mange et nulle part ailleurs.

– J'ai besoin d'énergie pour bouger respirer réfléchir jouer grandir.

– Je trouve cette énergie dans ce que je mange et nulle part ailleurs.

4. Conclusion : bien comprendre que les aliments sont nécessaires pour le corps mais également pour le cerveau : si on ne mange pas, on ne peut plus réfléchir.

B Identifier les nutriments dont le corps a besoin et les aliments qui les apportent — 15 min

Toujours en lien avec le programme de sciences, l'activité est l'occasion de faire le point sur les nutriments dont les muscles, les os et le cerveau ont besoin.

Matériel : activité B du carnet élève.

1. Introduction en groupe classe : lire le titre de l'activité (De quoi mon corps a-t-il besoin ?), puis lancer l'activité collective.

2. Activité en groupe classe : accueillir les hypothèses et les réponses et corriger au fur et à mesure en apportant des explications :

– les muscles ont surtout besoin de protéines, qui sont comme des briques de matières musculaires ; on les trouve dans la viande, le poisson, les œufs et tous les « légumes secs » (pois chiches, lentilles, haricots rouges et blancs…) ;

– les os ont surtout besoin de calcium car c'est de cette matière que les os sont faits : on le trouve notamment dans les produits laitiers (lait, fromage, yaourts…), dans certains légumes (épinard, chou vert, ognon, brocolis…), dans le poisson et les amandes ;

– le cerveau a besoin de lipides (du gras, mais pas en trop grande quantité), nécessaires à son développement ; on les trouve notamment dans certaines huiles ;

– le cerveau a également besoin de glucides, qui fournissent de l'énergie, et il les trouve dans les fruits, les pâtes, le riz, le pain…

– le cerveau a besoin de toutes sortes de vitamines (que l'on trouve notamment dans les fruits et les légumes) et de minéraux (contenus dans les noix, les graines, les légumes, les œufs…), chacun faisant fonctionner certains neurones, certaines connexions entre les neurones.

3. Activité individuelle : relier au fur et à mesure chaque partie du corps aux aliments dont elle a besoin.

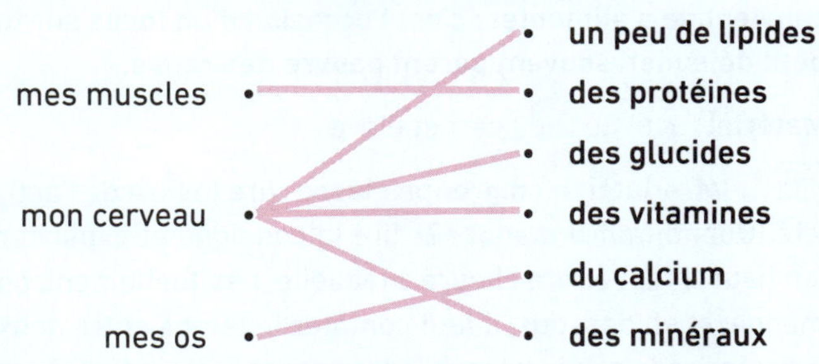

4. Synthèse en groupe classe : comprendre que le seul moyen d'apporter tous ces nutriments au corps et au cerveau consiste à avoir une alimentation variée chaque jour (pas tous les jours la même chose), notamment 5 fruits et légumes par jour (faire le lien avec les publicités du Programme national nutrition santé).

5. Activité individuelle : écrire 5 dans le carnet.

C Identifier les éléments non nécessaires ou nocifs présents dans l'alimentation

15 min

L'expression « faux ami » désigne ici un ingrédient qui est gouteux mais qui nuit à notre santé, abime nos capacités cognitives, dégrade notre humeur et génère des addictions. L'activité permet de travailler sur l'équilibre alimentaire par la traque de ces « faux amis ». Une célèbre expérience sur des rats de laboratoire rendus addicts à la cocaïne et au sucre a montré que, s'ils ne peuvent se procurer qu'une seule de leurs drogues favorites, ils optent pour le sucre.

Matériel : activité C du carnet élève.

1. Introduction en groupe classe : lire le titre de l'activité (Est-ce que je connais les faux amis alimentaires pour mon cerveau ?), expliciter l'expression « faux ami », puis lancer l'activité en binômes en précisant qu'il ne faut pas s'inquiéter si on ne sait pas répondre.

2. Activité en binômes : chercher les faux amis alimentaires, puis identifier les aliments qui en contiennent. Ensuite, comprendre que l'on trouve souvent des éléments ajoutés pour nous donner envie de manger ces aliments. Puis identifier les conséquences de ces faux amis alimentaires sur le cerveau.

3. Correction en groupe classe :

– les faux amis (pas bons pour notre santé) à barrer : colorant, conservateur et édulcorant (produits chimiques inutiles voire dangereux), sucre (notre corps a besoin de glucides mais pas ceux contenus dans le sucre car ils sont peu efficaces et très addictifs) ; attention, il ne fallait pas barrer le gras (on a vu à l'exercice précédent qu'on en a besoin, il faut seulement ne pas trop en manger) et, évidemment, ni les vitamines, ni les protéines, ni les minéraux ;

☑ les aliments à cocher : pains en sachet, plat surgelé et pizza surgelée car ils contiennent peu de « vrais » nutriments mais trop de sucre, de gras, de sel, de colorants et de conservateurs ; soda, yaourt aromatisé, céréales de petit déjeuner, barre de céréales, bonbon, biscuit, brique de jus de fruits sucré (les jus en brique le sont presque tous), paquet de gâteaux car ils contiennent tous trop de sucre et, pour beaucoup, des colorants et des conservateurs ; en revanche, le chocolat noir, les yaourts nature, la banane, la pomme de terre, le fromage, la tomate et les jus de fruits pressés ne contiennent pas de faux amis (ce sont des ingrédients naturels ou peu transformés) ;

– les éléments à souligner : le gras (qui n'est pas un faux ami mais nous pousse à manger trop), le sel (indispensable pour la santé mais en petites quantités, or on le trouve dans les nombreux aliments industriels pour stimuler notre envie de manger), le sucre (faux ami qui stimule notre envie de manger), les saveurs artificielles (mis dans les aliments pour nous pousser à consommer), et les couleurs vives (pour nous donner envie), mais pas les vitamines, qui sont nécessaires ;

– les mauvais effets des faux amis alimentaires à colorier : la mauvaise humeur, le cerveau lent, l'anxiété et l'addiction.

4. Conclusion : comprendre qu'il ne s'agit pas de ne jamais manger ces « faux amis » mais de ne pas se laisser duper et de les manger pour le plaisir, en petites quantités.

PROLONGEMENT :

• regarder la liste des ingrédients dans ce qu'ils mangent et détecter la présence des faux amis ;

• pratiquer une expérience de désintoxication du sucre (ne pas en manger pendant plusieurs jours) et noter comme, chaque jour, l'envie d'en manger diminue.

D Identifier les moments où s'alimenter est indispensable

15 min

L'activité permet de faire le point sur les moments où il convient de s'alimenter : c'est l'occasion d'un focus sur le petit déjeuner, souvent parent pauvre des repas.

Matériel : activité D du carnet élève.

1. Introduction en groupe classe : lire le titre de l'activité (Quand faut-il manger ?), lire la consigne et expliciter (en haut, il faut écrire l'heure à laquelle, habituellement, on mange, et en dessous, il faut compter le temps entre deux repas, période pendant laquelle le corps et le cerveau doivent vivre sur cet apport de nutriments et d'énergie) ; puis lancer l'activité et passer dans les rangs pour aider les élèves qui éprouvent des difficultés à calculer le temps (convertir 60 minutes en une heure).

2. Activité individuelle : remplir en fonction de ses propres horaires, les jours d'école.

3. Retour en groupe classe : sur la base du volontariat en explicitant à chaque étape...

– le petit déjeuner fournit l'énergie nécessaire pour travailler toute la matinée (sans lui, on est « à plat ») ;

– le déjeuner fournit de tout et permet de tenir l'après-midi ;

– le gouter donne de l'énergie pour attendre le diner (donc simple encas léger) ;

– le diner fournit de tout pour le corps et doit permettre au corps (cœur, respiration…) de tenir toute la nuit ; attention à éviter le sucre le soir, car il empêche de dormir.

PROLONGEMENT : certains élèves ont l'impression de ne pas avoir faim au petit déjeuner ; proposer le test suivant, s'alimenter d'une seule bouchée (pas plus pour ne pas se sentir mal) pendant quelques jours puis, quand cette bouchée passe bien, en prendre deux, puis trois, et ainsi de suite. Au bout de quelques semaines, l'appétit s'ouvre dès le réveil et le petit déjeuner devient incontournable. Si le problème est celui du temps, proposer à ceux qui le peuvent de se lever 5 minutes plus tôt pour avoir le temps de manger, ou de manger sur le trajet vers l'école.

Dormir pour mieux apprendre

p. 78-79

Si les enfants constatent que le sommeil est nécessaire (ils ressentent l'envie de dormir), ils ne savent pas forcément qu'il est indispensable. Certains espèrent le combattre pour se consacrer à des activités plus gratifiantes. La séquence est l'occasion de prendre conscience que le sommeil est un moment essentiel pour que le corps et le cerveau se reposent, mais aussi un temps indispensable pour permettre au cerveau de traiter, structurer et retenir les informations captées dans la journée, le rêve étant l'indice de ce travail de recomposition mais aussi un temps de traitement des émotions et des expériences vécues. L'amélioration du sommeil contribue à remédier à bien des problèmes d'apprentissage.

Les critères d'une bonne nuit de sommeil sont : la durée (qui varie selon les individus et leur âge), la qualité (plusieurs cycles complets de sommeil, avec des phases de sommeil léger, de sommeil profond et de sommeil paradoxal, au cours duquel se produisent la plupart des rêves), la continuité (pas ou peu de réveils nocturnes), le confort (un environnement calme, une obscurité suffisante, une température fraîche, une literie adaptée...), une bonne hygiène de sommeil (se coucher et se lever à des heures régulières, ne pas utiliser d'appareils électroniques avant de dormir...), le tout permettant un bon ressenti au réveil (se sentir reposé(e) et énergique).

A Évaluer son sommeil en quantité et en qualité 20 min

Cette activité passe au crible le sommeil, en identifiant les points forts et, éventuellement, ceux à améliorer.

Le temps de sommeil varie selon l'âge, le sexe (les femmes auraient besoin de davantage de sommeil) et l'individu. Pour les enfants de 6 à 12 ans, la durée de sommeil indispensable au bien-être et aux apprentissages est en moyenne de 10 heures (9 à 12 heures). Malheureusement, le rythme de la vie moderne, la présence des écrans et le « mauvais » exemple des adultes, pour la plupart en manque de sommeil, ne favorisent pas les longues nuits des plus jeunes. Le fait de se réveiller fatigué(e) indique un manque récurrent de sommeil.

Le sommeil est également évalué sous l'angle de sa qualité : dormir dans le noir (ce qui favorise l'endormissement et limite les réveils nocturnes) ou presque (avec une veilleuse douce pour les plus anxieux) et dans le silence (pour les mêmes raisons), avoir des réveils nocturnes rares et courts. Les élèves n'ont pas toujours « la main » sur ces aspects qualitatifs : le calme ne dépend pas d'eux et ils ne sont pas « responsables » de leurs réveils nocturnes. Cela n'empêche pas d'évaluer la qualité du sommeil de façon à prendre conscience des éventuels problèmes.

Matériel : activité A du carnet élève.

1. Introduction en groupe classe : lire le titre de l'activité (Est-ce que je dors bien ?), puis lancer l'activité en expliquant qu'il ne faut pas trouver les « bonnes réponses » mais évaluer sa propre situation et que personne ne sera jugé.

2. Activité individuelle : répondre aux questions 1 à 7.

3. Retour en groupe classe : sur la base du volontariat puis, pour chaque étape, proposer un calcul de score.

1. En semaine, je me couche avant 21 heures : 4 points ; entre 21 et 22 heures : 2 points ; à 22 heures et plus : 0 point et je m'endors : **a.** tout de suite 1 point • **b.** pas tout de suite 0 point. Pour améliorer le fait de s'endormir vite, éviter les excitants du type sucreries et écrans avant de se mettre au lit.
2. Je dors : **a.** dans le noir 2 points • **b.** avec de la lumière 0 point • **c.** dans le silence 2 points • **d.** avec du bruit 0 point.
3. Dans la nuit, je me réveille : **a.** jamais 2 points • **b.** parfois 1 point • **c.** souvent 0 point. C'est un problème sur lequel il faut s'interroger.
4. Les jours d'école, je me lève à 5 points pour tous car l'heure du réveil n'est utile que pour le calcul du temps de sommeil.
5. À mon réveil, j'ai l'impression d'avoir : **a.** bien dormi 1 point • **b.** mal dormi 0 point.
6. Je suis : **a.** en forme 2 points • **b.** un peu fatigué(e) mais ça passe vite 1 point • **c.** fatigué(e) 0 point.
7. Au total, je dors : **a.** moins de 8 heures 0 point • **b.** entre 8 et 9 heures 2 points • **c.** entre 9 et 10 heures 4 points • **d.** plus de 10 heures 6 points.

4. Activité individuelle : noter son score pour chaque question dans la case correspondante puis faire le total.

5. Retour en groupe classe : maximum 25 points.

- De 0 à 9 points : il est urgent de prendre des mesures pour un meilleur sommeil.
- De 10 à 19 : pas mal, mais tu peux améliorer ton sommeil.
- De 20 à 25 : bravo, regarde quand même ce que tu peux améliorer.

6. Conclusion : intégrer l'importance d'un sommeil suffisant et de bonne qualité, l'activité suivante permettant de comprendre pourquoi.

B Comprendre ce que le cerveau fait durant la nuit et pourquoi le sommeil est indispensable

10 min

Comme le corps, le cerveau profite de la nuit pour se reposer. C'est aussi pendant la nuit que se produisent son développement, sa maturation et le ralentissement de son vieillissement.

Pendant le sommeil, le cerveau passe par divers processus essentiels pour notre santé et nos fonctions cognitives. Car, contrairement au corps, le cerveau reste très actif durant la nuit. Il continue d'assurer les fonctions vitales (respirer, faire battre le cœur, alerter en cas de problème comme un excès de chaleur, un excès de froid, une maladie, un danger extérieur…). Pendant le sommeil paradoxal, l'activité cérébrale ressemble à celle observée au cours de l'éveil : le cerveau trie les informations et les souvenirs de la journée, efface ceux devenus inutiles, organise et consolide ceux qu'il doit conserver. La mémoire s'active et ancre les acquis : on connait souvent mieux sa poésie le matin au réveil que la veille au soir.

Enfin, le fonctionnement nocturne du cerveau ouvre un accès à l'inconscient : les rêves viennent gérer les émotions.

Bon à savoir : un individu totalement privé de sommeil (c'est une forme de torture particulièrement cruelle) devient fou.

Matériel : activité B du carnet élève.

1. Introduction en groupe classe : lire le titre de l'activité (Que fait mon cerveau pendant la nuit ?), au besoin recueillir les représentations puis lancer l'activité.

2. Activité individuelle : cocher en fonction de ses connaissances ou de ses idées ; éventuellement, compléter en écrivant une phrase.

3. Correction en groupe classe : il fallait tout cocher.

– En effet, pendant la nuit, le cerveau se repose, mais il continue de travailler pour assurer les fonctions vitales.

– C'est également un moment durant lequel il trie les informations de la journée, jette les informations inutiles pour faire de la place, trie et range les informations utiles, et même vérifie et révise les apprentissages de la journée.

– Enfin, c'est un temps durant lequel le cerveau gère les émotions par le rêve.

4. Correction en groupe classe : recueillir les suggestions des élèves pour la phrase et rectifier au besoin (Si je ne dors pas bien ou pas assez, mon cerveau sera fatigué et je travaillerai mal).

5. Conclusion : l'activité permet de comprendre que le sommeil est indispensable à l'être humain, pour se reposer mais aussi pour « mettre de l'ordre dans ses idées ».

C Acquérir les bons réflexes pour un sommeil de qualité

15 min

Cette activité permet d'acquérir les bons réflexes pour un sommeil réparateur.

Matériel : activité C du carnet élève.

1. Introduction en groupe classe : lire le titre de l'activité (Comment puis-je aider mon cerveau à passer une bonne nuit ?), puis lancer l'activité en demandant à chacun d'imaginer ce qui serait le mieux, en fonction de ce que l'on a vu précédemment et de ses connaissances personnelles.

2. Activité individuelle : colorier les bonnes réponses.

3. Correction en groupe classe :

– Le temps de sommeil doit être suffisant et il est préférable de se coucher tôt et de se lever tôt, en raison des rythmes naturels du corps, alignés avec le lever et le coucher du soleil (le sommeil n'en est que plus réparateur).

– Il est préférable de dormir dans un endroit frais (pas trop chauffé, mais pas froid non plus), dans le noir et le silence, et dans un environnement ordonné (cela contribue à la paix de l'esprit).

– La nuit est meilleure si le lit est confortable et vide (plus de place pour soi, moins de risque de chute d'objets dont le bruit réveille…).

– Enfin, certaines activités sont à déconseiller avant le coucher : manger des sucreries (le sucre est un excitant qui peut empêcher l'endormissement), utiliser des écrans (télévision, jeux vidéo, dont la lumière empêche le cerveau de détecter son besoin en sommeil), jouer au ballon (juste avant de dormir, cela ne favorise pas l'endormissement) et réviser ses leçons (cela peut générer du stress, qui nuit au sommeil). Au contraire, on peut prendre une douche (cela détend), lire un livre ou écouter une histoire (encore mieux car on peut fermer les yeux), ou encore écouter de la musique, à condition qu'elle soit douce et calme.

4. Conclusion : ancrer la nécessité d'éviter le sucre et les écrans le soir et intégrer les bons réflexes pour une bonne nuit de sommeil.

PROLONGEMENT : chercher individuellement ce que l'on peut faire pour améliorer le sommeil, dans le but d'être en pleine forme et d'avoir un cerveau au top pour les apprentissages.

p. 80-81

Un corps en pleine forme pour mieux apprendre

On le sait, bouger, entretenir une activité physique suffisante et faire régulièrement du sport contribuent à maintenir la forme physique et la santé. Mais l'activité est également bénéfique pour le cerveau. Elle augmente l'énergie dans le corps, laquelle se propage au cerveau et le rend alerte et concentré. Elle augmente également l'oxygénation du corps, donc du cerveau. Elle contribue à réduire le stress et a un effet positif sur l'humeur, autant d'atouts pour les apprentissages. Le programme de l'Éducation nationale des « 30 minutes d'activité physique quotidienne » a d'ailleurs bien pour objectif de stimuler les capacités d'apprentissage des élèves.

A Prendre conscience de l'influence du corps sur le fonctionnement mental — 15 min

Bien des personnes n'ont pas conscience des liens entre l'état de leur corps et celui de leur cerveau. Or l'activité physique, le sport en particulier, contribue à l'efficience intellectuelle. Cette première activité met en valeur ces liens à partir d'exemples concrets.

Matériel : activité A du carnet élève.

1. Introduction en groupe classe : lire le titre de l'activité (Mon corps et ma tête sont-ils connectés ?), puis lancer l'activité.

2. Activité individuelle : mobiliser ses expériences personnelles pour répondre.

3. Correction en groupe classe : en acceptant les variantes des ressentis suivant les élèves.

– L'absence de récréation (il pleut, il neige, il y a la canicule…) empêche de se détendre, les élèves peuvent donc se sentir énervés, excités, impatients ou moins attentifs.

– Généralement, la maladie (rhume, fièvre, mal à la gorge, à la tête…) empêche de travailler ou permet de travailler moins bien que d'habitude.

– L'idéal, pour travailler, est donc de n'être ni malade, ni blessé, ni fatigué et de ne pas avoir mal à la tête : bref, d'être en pleine forme.

– Enfin, l'équilibre mental contribue à la forme physique : quand il ou elle est triste, l'élève est fatigué(e) et sans énergie.

4. Conclusion : comprendre que le corps et le cerveau fonctionnent de pair (ils sont « dans le même bateau »). Si l'un n'est pas en forme, l'autre fonctionne moins bien. Mais si le corps est en pleine forme, le cerveau est au top !

B Comprendre en quoi l'activité physique est indispensable au cerveau — 20 min

L'activité met en valeur les effets positifs directs de l'activité physique sur les apprentissages.

Matériel : activité B p. 80 et p. 81 du carnet élève.

1. Introduction en groupe classe : lire le titre de l'activité (Pourquoi mon cerveau a-t-il besoin que mon corps bouge ?), relever le paradoxe (il s'agit de bouger en dehors des temps d'apprentissage) et lancer l'activité.

2. Activité individuelle : colorier les réponses pour les points 1 et 2 ; compléter les dessins 3, 4 et 5.

3. Correction en groupe classe :

1. Le besoin physique de bouger empêche la concentration. Il faut donc bouger pour rester concentré.

2. L'activité physique contribue à réduire le stress, véritable obstacle à l'apprentissage et à la concentration. Bouger permet de rendre le cerveau disponible.

3. Lorsqu'on fait de l'exercice, le corps fabrique de l'énergie que le cerveau récupère en partie. C'est un coup de pouce pour rester alerte et concentré(e).
Exemple de dessin.

4. Bouger augmente le rythme cardiaque et la respiration, donc l'oxygénation du cerveau, essentiel à la capacité d'apprentissage et à la mémoire.
Exemple de dessin à droite.

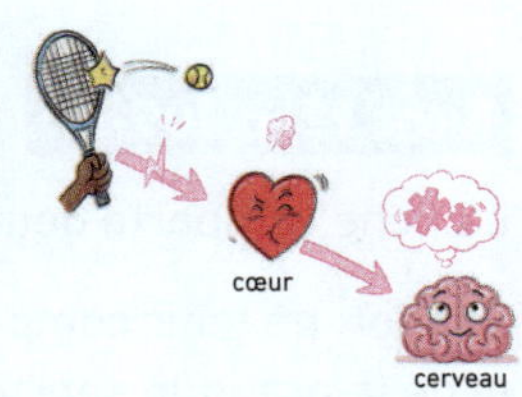

5. Bouger provoque la fabrication de neurotransmetteurs (substances chimiques qui transmettent des signaux dans le cerveau), notamment la sérotonine, « neurotransmetteur du bien-être » qui régule l'humeur et la mémoire, et réduit l'anxiété, donc favorise la concentration et la mémoire.
Exemple de dessin ci-dessus à droite avec un coffre-fort pour figurer la mémoire.

4. Conclusion : bouger régulièrement favorise les apprentissages, la mémoire et le bien-être. Quand on se sent fatigué(e) ou distrait(e), à la maison essentiellement, on peut faire une courte pause pour « relancer la machine ».

C Évaluer son niveau personnel d'activité physique et comprendre comment le développer 20 min

Dans le cadre du programme « 30 minutes d'activité physique quotidienne à l'école », la fiche est l'occasion d'évaluer son activité physique quotidienne. Le décompte tient compte du temps consacré à toutes les activités courantes (marcher, monter et descendre l'escalier, courir à la récréation...), en dehors de la pratique sportive à proprement parler, à l'école (EPS) et en dehors.

Matériel : activité C p. 81 du carnet élève.

1. Introduction en groupe classe : lire le titre de l'activité (Que dois-je faire pour être en pleine forme ?), puis lancer l'activité.

2. Activité individuelle : identifier ce que l'on aime faire (il est plus facile de bouger pour des activités appréciées) puis calculer ce temps d'activité pour la journée en cours. L'enseignant(e) passe dans les rangs pour aider les élèves :
– écrire le temps réel d'activité (par exemple, durant un cours d'EPS, on passe une partie du temps à écouter les consignes ou attendre son tour) ;
– aider les élèves en difficulté à évaluer les durées.

3. Retour en groupe classe : sur la base du volontariat. Expliquer qu'il est plus facile de bouger pour des activités que l'on apprécie, qu'il convient donc de privilégier. Éventuellement revenir sur une addition de plus de 60 minutes et la conversion en heure.

4. Conclusion : savoir que pour être en pleine forme, chaque élève a besoin de 30 minutes d'activité physique par jour : c'est 6 x 5 minutes ou 12 activités ponctuelles.

PROLONGEMENT : établir des fiches d'activité quotidiennes (modalités ci-dessous et fiche 22 pages 109-110 de ce guide, à photocopier)

1. demander aux élèves de personnaliser : écrire leur nom, colorier les lignes qui ne les concernent pas (par exemple le midi, selon qu'ils déjeunent à la maison ou à la cantine) ;

2. commencer à remplir un lundi, dès l'arrivée en classe (« le matin avant l'école ») ;

3. poursuivre après la récréation du matin ou avant le déjeuner ;

4. reprendre après le déjeuner pour évaluer le midi ;

5. recommencer après la récréation de l'après-midi ou en fin de journée pour évaluer l'après-midi ;

6. inciter les élèves à noter eux-mêmes pour la soirée (par exemple le soir, avant de se coucher) ;

7. le mardi, revenir sur le remplissage de la veille au soir, calculer les totaux, comparer avec l'objectif et évaluer ;

8. le lundi suivant, éventuellement, calculer la moyenne quotidienne sur la semaine.

Tableau de correspondance pour parvenir à un total de 30 minutes ou 12 activités ponctuelles.

30 minutes	=	12 activités ponctuelles
25 minutes	+	2 activités ponctuelles
20 minutes	+	4 activités ponctuelles
15 minutes	+	6 activités ponctuelles
10 minutes	+	8 activités ponctuelles
5 minutes	+	10 activités ponctuelles
0 minute	+	12 activités ponctuelles

Fiche 22 : p. 109-110

La fiche comporte deux parties : les jours d'école (recto) et les jours sans école (verso).

Rappel : ne tenir compte ni des temps d'EPS (3 heures par semaine),
ni de la pratique sportive en dehors du temps scolaire.

Pour chaque activité :
• décompter le temps réellement consacré : par exemple, 10 minutes de jeu de ballon pendant la récréation (mais pas le temps de constitution des équipes, les pauses pour discuter un but...),
5 minutes pour venir à l'école à pied (mais pas l'arrêt à la boulangerie), 15 minutes effectives dans la piscine...
• ou indiquer le nombre d'activités ponctuelles (AP) : monter l'escalier, aller acheter le pain...
Exemples d'activités ponctuelles :
– descendre 4 ou 5 étages
– monter 3 étages
– sauter à la corde quelques instants
– courir après le bus, après un camarade
– danser le temps d'un morceau de musique
– aller vider la poubelle à l'extérieur de la maison...

Mes 30 minutes quotidiennes

Nom : ______________________ Date : ______________________

Semaine du ______________________	Lundi		Mardi		Jeudi		Vendredi	
	min	AP	min	AP	min	AP	min	AP
le matin avant l'école								
escaliers descendus à la maison								
escaliers montés à la maison								
trajet vers l'école à pied, à vélo, à rollers, à trottinette								
activité avant l'école (centre de loisirs, récréation)								
la matinée à l'école								
activité pendant la récréation du matin								
escaliers descendus à l'école								
escaliers montés à l'école								
le midi								
trajet vers la maison à pied, à vélo, à rollers, à trottinette le midi								
trajet vers à l'école à pied, à vélo, à rollers, à trottinette le midi								
activité pendant la récréation du midi								
l'après-midi à l'école								
activité pendant la récréation de l'après-midi								
escaliers descendus à l'école								
escaliers montés à l'école								
le soir après l'école								
activité dans l'école (centre de loisirs, récréation)								
retour à la maison à pied, à vélo, à rollers, à trottinette								
jeu « sportif » après l'école								
autres déplacements à pied, à vélo, à rollers, à trottinette								
le soir à la maison								
escaliers descendus à la maison								
escaliers montés à la maison								
activités ponctuelles dans la journée								
courir (après le bus, pour rejoindre un camarade...)								
danser								
aller vider les poubelles								
participer au ménage « actif » (aspirateur, changer les draps...)								
Total								
Total								
Évaluation de la journée								

Nom : ______________________________ Date : ______________________________

Semaine du ______________________	Mercredi		Samedi		Dimanche	
	min	AP	min	AP	min	AP
escaliers (à la maison et en dehors)						
escaliers descendus (4 ou 5 étages = 1 activité)						
escaliers montés (3 étages = 1 activité)						
les trajets à pied, à vélo, à rollers, à trottinette						
les jeux « sportifs »						
les activités						
jardinage						
la participation à la vie de famille						
vider les poubelles						
ménage « actif » (aspirateur, changer les draps…)						
Total						
Total						
Évaluation de la journée						

Une bonne posture pour mieux apprendre

p. 82-83

Une bonne posture est une position du corps dans laquelle la colonne vertébrale est alignée avec les autres parties du corps (bassin, tête, cou, jambes) et les tensions minimisées pour ne pas entrainer de fatigue musculaire. Une bonne posture contribue au bien-être du squelette, des muscles et des tendons. Elle n'entraine pas de douleurs et de tensions (cou, épaules, colonne vertébrale, muscles dorsaux mais aussi maux de tête…). Elle facilite la digestion et la respiration : les poumons se dilatent pleinement, ce qui accroit l'apport en oxygène dans le corps.

Une bonne posture contribue aux apprentissages. Elle met en bonne position pour lire. Elle rend les mains disponibles pour manipuler, écrire, changer d'outils. Elle accroit la concentration du fait de l'apport en oxygène au cerveau. Elle génère moins de fatigue et de tensions, donc augmente la focalisation sur les apprentissages. Elle produit moins de stress, améliore l'humeur et procure une meilleure estime de soi (on est plus fier de soi quand on est droit et grand), toutes choses qui ont un effet positif sur les apprentissages. Enfin, des études suggèrent qu'une bonne posture facilite la mémorisation. Bref, la bonne posture est la clé de l'activité, du dynamisme, de la motivation, de la concentration et de l'éveil, de l'écoute et de la disponibilité.

A Identifier les mauvaises postures 15 min

L'activité permet d'identifier les mauvaises postures puis de comprendre leur effet négatif.

Matériel : activité A du carnet élève.

1. Introduction en groupe classe : lire le titre de l'activité (Est-ce que je reconnais les mauvaises postures ?), puis lancer l'activité.

2. Activité individuelle : identifier les mauvaises postures, puis identifier les conséquences correspondantes.

3. Correction en groupe classe : entourer…

a. le menton posé sur le bras
b. le balancement sur la chaise
c. la tête appuyée sur le bras
d. la jambe repliée avec l'élève assise sur son pied
e. la main sous la table
f. le dos vouté et la tête posée sur les bras.

4. Correction en groupe classe : noter…

– C'est impoli/décourageant pour le maitre, la maitresse : a et f, car l'élève n'a pas l'air motivé(e).

– C'est dangereux, on peut tomber : b, avec le risque de tomber quand on se balance sur sa chaise.

– On peut avoir mal au dos, aux épaules, aux bras : a, c, d (parce qu'on est de travers) et f.

– Le maitre, la maitresse ne peut pas voir si on travaille : a et f (les deux élèves ont vraiment l'air de ne pas s'intéresser au cours).

– À la longue, cela abime le dos : a, c, d et f, parce que le dos, la tête et les jambes ne sont pas bien alignés.

– On n'écrit pas bien : a, c, e et f, parce qu'on n'a pas les deux mains disponibles et d parce que la position incite à écrire de travers.

– On ne change pas facilement d'outils (gomme, crayon, ciseaux) : a, c, e et f, parce qu'on n'a pas les deux mains disponibles.

– On ne voit pas bien, on s'abime les yeux : a et f car on est trop près de ses livres ou cahiers.

5. Conclusion : ces postures sont impolies, mauvaises pour le corps, le dos, les yeux, peu pratiques pour travailler.

B Identifier les liens entre la posture et les apprentissages

15 min

L'activité permet de comprendre les liens entre la bonne posture et les apprentissages. Ce que l'entraineur international d'échecs Xavier Parmentier expliquait à ses élèves : « Si tu veux battre ton adversaire aux échecs, commence par adopter une posture de combat, au sens figuré comme au sens propre : tiens-toi droit ! »

Matériel : activité B du carnet élève.

1. Introduction en groupe classe : lire le titre de l'activité (Quel rapport entre les postures et les apprentissages ?), puis lancer l'activité.

2. Activité individuelle : relier chaque article au personnage correspondant, puis cocher les phrases correspondant à une bonne posture.

3. Correction en groupe classe :

– Les adjectifs dynamique, concentré et combatif se rapportent à la jeune sportive à gauche, tandis que les adjectifs nonchalant, inattentif et démotivé se rapportent au garçon à droite.

– On peut cocher toutes les phrases, car elles correspondent toutes à une bonne posture.

4. Conclusion : comprendre qu'une bonne posture est positive pour le corps, donc pour le cerveau.

C Identifier la bonne posture assise dans le cadre de l'apprentissage

10 min

La séquence traite de la bonne posture assise, qui réclame un dos droit (dans le respect des courbes naturelles, notamment de la cambrure du dos) et légèrement appuyé contre le dossier (qui sert de repère et de support pour le bas du dos), une tête droite, des épaules en arrière mais relâchées, les pieds à plat sur le sol et les genoux pliés à angle droit, les bras posés sur la table, les mains disponibles pour tenir la feuille ou écrire.

Matériel : activité C du carnet élève.

1. Introduction en groupe classe : lire le titre de l'activité (Quelle est la bonne posture ?), constituer les groupes puis lancer l'activité.

2. Activité en petits groupes : identifier les mots permettant de compléter le texte. S'auto-évaluer selon « Quelques règles pour le travail oral en groupe », voir page 13.

3. Correction en groupe classe : je suis assis/assise au fond de la chaise, le dos droit/bien droit appuyé contre le dossier. Ma tête est droite. Mes épaules sont relâchées, mes bras sont posés sur la table et mes pieds sont à plat par terre.

PROLONGEMENT :

- identifier individuellement les améliorations à apporter à sa propre posture ;
- prendre l'habitude de vérifier sa posture et de la corriger spontanément ;
- élargir les améliorations à d'autres postures, à l'école et en dehors. Expliquer que la posture « avachie » (sur un canapé devant la télévision...) est mauvaise pour le dos, les muscles, l'énergie, mais aussi le cerveau, qui est mal oxygéné.

Réduire le stress pour mieux apprendre

p. 84-85

Le mot « stress » est polysémique. D'un côté, il évoque la tension qui motive et pousse à l'action : celle qui fait qu'un(e) élève apprend ses leçons et effectue les tâches qu'on lui demande, par souci de performance, celle qui pousse les élèves à donner le meilleur d'eux-mêmes lors d'une évaluation. D'un autre côté, et c'est généralement sous cet angle que les élèves l'entendent, le stress est un excès de tension et d'anxiété qui entraine un mal-être général.

Le stress excessif ou chronique réduit l'estime de soi et stimule le sentiment d'impuissance, donc le découragement. Il entrave la motivation et altère la concentration, donc la compréhension. Il diminue la capacité à mémoriser et à récupérer les informations. Il affecte la créativité, donc la capacité à résoudre des problèmes. Il peut entrainer des maux de tête et des troubles du sommeil, de la dépression et de l'anxiété qui, à leur tour, réduisent encore davantage les capacités d'apprentissage. Ces écueils sont préoccupants chez les enfants, à la fois parce qu'ils se trouvent dans une période majeure d'apprentissage, mais aussi parce que le cerveau est extrêmement sensible au stress, qui peut altérer son développement : les élèves englués dans le stress ne sont plus en capacité d'apprendre.

A Identifier son propre niveau de stress — 15 min

Certains élèves de CM ont encore du mal à identifier leurs émotions, leurs sentiments et leurs états intérieurs. Cette activité propose une auto-observation de son propre niveau de stress et une identification des situations génératrices de stress.

Matériel : activité A du carnet élève.

1. Introduction en groupe classe : lire le titre de l'activité (Est-ce que je ressens du stress ?), puis lancer l'activité.

2. Activité individuelle : entourer son degré de stress puis identifier les situations génératrices de stress pour soi-même. L'enseignant(e) passe dans les rangs pour aider les élèves à répondre individuellement.

3. Retour en groupe classe : sur la base du volontariat ; aider les élèves à affiner leur évaluation du stress. Accueillir le vécu de chacun(e) selon les situations (certains ont du mal à réciter une poésie devant la classe, mais n'en auront aucun face à une évaluation écrite, par exemple).

4. Conclusion : comprendre que le stress a des causes objectives (des bouleversements familiaux, un changement d'école, une difficulté en classe…) mais que le ressenti est subjectif (chacun réagit différemment, et il n'y a pas de bonne ou de mauvaise façon d'être, uniquement des différences entre nous).

B Identifier son ressenti face au stress — 15 min

L'activité propose de poursuivre l'auto-observation, en se centrant maintenant sur le ressenti personnel.

Matériel : activité B du carnet élève.

1. Introduction en groupe classe : lire le titre de l'activité (Qu'est-ce que je ressens en cas de stress ?), puis lancer l'activité.

2. Activité individuelle : identifier les ressentis personnels face au stress. L'enseignant(e) passe dans les rangs pour aider les élèves à répondre individuellement.

3. Retour en groupe classe : sur la base du volontariat ; aider certains élèves à affiner la manière d'identifier et de nommer leur ressenti. Accueillir la diversité des points de vue : les ressentis proposés, mais aussi d'autres que les élèves peuvent énoncer (parfois surprenants).

Pour les phrases, les élèves peuvent répondre : Je n'aime pas le stress parce que **cela m'angoisse**, **c'est une sensation que je déteste**, **je me sens nul/nulle**, **c'est très désagréable**. J'aime bien le stress quand **c'est dans un jeu /dans un film/ je prépare une évaluation…** parce que **c'est drôle/ça fait peur pour de rire/cela me stimule** mais certains élèves n'aiment aucune situation de stress.

4. Conclusion : le stress est anxiogène et désagréable à vivre.

C Identifier les conséquences du stress sur son propre fonctionnement 10 min

Les effets du stress varient selon les individus : ils rendront une personne muette et provoqueront une véritable logorrhée chez une autre. Le stress affecte toujours les performances scolaires en altérant la concentration et l'intégration de nouvelles informations, et en perturbant la gestion du temps et l'organisation.

Matériel : activité C du carnet élève.

1. Introduction en groupe classe : lire le titre de l'activité (Qu'est-ce que je fais quand je suis en stress ?), puis lancer l'activité.

2. Activité individuelle : répondre en fonction de ses propres expériences et de son ressenti personnel.

3. Retour en groupe classe : sur la base du volontariat ; accueillir toutes les réponses mais noter sans doute que, pour l'ensemble de la classe, le stress entraine un travail de moindre qualité et réduit la concentration.

4. Conclusion : comprendre que le stress peut être un moteur (il pousse à se surpasser, par exemple lors des évaluations), mais le plus souvent, il est un frein, car il prend de la place dans les pensées et génère un mal-être général : il faut alors l'évacuer.

D Apprendre à évacuer le stress 20 min

Évacuer le stress n'est pas inné : si certains d'élèves trouvent des parades (pas toujours efficaces), beaucoup restent désarmé(e)s : l'activité leur permet de découvrir et de tester différentes tactiques.

Matériel : activité D du carnet élève.

1. Introduction en groupe classe : lire le titre de l'activité (Comment évacuer le stress pour mieux me détendre ?), puis lancer l'activité.

2. Activité individuelle : prendre le temps d'identifier chaque proposition, d'évaluer son caractère réaliste (ne pas cocher « Je joue avec un animal » s'il n'y en a pas à la maison), de tester les plus accessibles (respirer par le ventre, faire rouler ses yeux...), noter son ressenti puis procéder à des choix.

3. Retour en groupe classe : sur la base du volontariat en passant en revue les différentes propositions (« Qui a coché... et veut nous expliquer pourquoi ? »). Revenir sur l'intérêt de chaque stratégie :

– respirer profondément par le ventre (respiration diaphragmatique) active le système nerveux parasympathique, réduit la tension musculaire, la fréquence cardiaque et la pression artérielle, augmente l'oxygénation du corps et diminue les hormones du stress telles que le cortisol ;

– fermer les yeux et les faire rouler permet à certains de se détendre, mais peut provoquer la nausée chez d'autres ;

– certains mouvements comme se balancer (d'avant en arrière, avec une faible amplitude), faire la vague (avec les bras en croix, très souplement), tracer le signe de l'infini (voir page 98 de ce guide) ou dessiner une spirale dans l'air peuvent être apaisants, notamment du fait de leur caractère cyclique, qui met l'esprit dans un état proche de l'état « méditatif » ;

– faire la poupée de chiffon permet de réduire les tensions musculaires ;

– souffler pour vider tout l'air (exploration complète) permet d'éliminer les « déchets » du corps, mais aussi vient contrecarrer l'un des effets du stress qui consiste à respirer trop rapidement, avec une respiration haute (au niveau de la poitrine) au lieu d'une respiration ventrale, apaisante ;

– jouer pendant la récréation, faire du sport, jouer avec un animal ou rire avec des amis permet de penser à autre chose et détend le corps ;

– prendre une douche a des effets directs sur le corps (détente grâce à l'eau qui coule, notamment l'eau chaude : attention cependant de ne pas consommer trop d'eau) ;

– faire un jeu de société, cuisiner, faire ou écouter de la musique, colorier un mandala sont des activités apaisantes et permettent de penser à autre chose ;

– ranger sa chambre apaise car cela réduit le stress provoqué par le désordre, cela permet de se trouver ensuite dans un environnement rangé mais aussi parce que, par mimétisme, l'esprit a alors tendance à « ranger » ses soucis.

PROLONGEMENT : inciter les élèves à tester sur le long terme ces différentes suggestions et à choisir celles qui sont le plus efficaces pour elles et eux.

Se détendre pour mieux apprendre

p. 86-87

Au-delà de la lutte contre le stress, les actions en faveur de la détente améliorent le bien-être physique et psychique de l'individu et de la classe. Un état durable de détente favorise l'attention et met en condition pour les apprentissages. Cette séquence est l'occasion d'une prise de conscience des bénéfices de la détente et peut déboucher sur la mise en œuvre d'actions individuelles ou collectives.

A Comprendre que la détente est meilleure que le stress — 10 min

L'activité présente l'esprit comme un jardin que l'on peut laisser envahi par les mauvaises herbes (stress, peur, colère, frustrations...) ou, au contraire, travailler pour en faire un lieu paisible dans lequel ces « mauvaises herbes » ne trouveront plus d'abri.

Matériel : activité A du carnet élève.

1. Introduction en groupe classe : lire le titre de l'activité (C'est comment dans ma tête ?), puis lancer l'activité.

2. Activité individuelle : dessiner des mauvaises herbes en désordre à gauche de la jardinière et un beau parterre de fleurs et de plantes à droite ; dessiner s'avère déjà, en soi, une source de détente. Passer dans les rangs pour vérifier que les élèves ont bien compris la consigne.

3. Retour en groupe classe : accueillir les éventuels retours spontanés, puis conclure que le stress, la peur, la colère, la frustration sont comme des mauvaises herbes : si l'on entretient le jardin qui est dans sa tête, ils n'y pousseront pas.

PROLONGEMENT : lire la légende indienne des deux loups (voir page 32 de ce guide).

B Identifier des moments pour se détendre — 10 min

L'activité permet d'identifier les moments propices à la détente donc, à contrario, ceux qui ne sont pas adaptés.

Matériel : activité B p. 87 du carnet élève.

1. Introduction en groupe classe : lire le titre de l'activité (À quels moments dois-je me détendre ?), puis lancer l'activité.

2. Activité individuelle : colorier les moments choisis et compléter.

3. Correction en groupe classe :

– on ne se détend pas « au milieu d'un cours » car on doit rester attentif ;

– on peut se détendre avant une évaluation, mais pas au milieu de l'évaluation, durant laquelle il faut rester attentif ;

– il est recommandé de se détendre avant de faire ses devoirs, mais on évite de le faire au moment de commencer ses devoirs ou pendant les devoirs (on cherche alors une « échappatoire » pour ne pas les faire) ; néanmoins, si les devoirs sont longs (par exemple, préparer un exposé), on peut faire une pause bénéfique au milieu, soit en la programmant soit en réagissant quand la déconcentration gagne ;

– si les révisions sont longues, il est bon de faire une pause pour stimuler son attention ensuite ;

– il est bon de profiter de tous les moments où l'on ne travaille pas pour se détendre : à la récréation, sur le chemin de l'école (en faisant attention à la circulation), à l'heure du déjeuner (cela ne signifie pas de provoquer du désordre à la cantine), le soir après l'école et le weekend ;

– accueillir les autres suggestions.

4. Conclusion : expliquer que la pause vient avant ou après l'effort, éventuellement au milieu de l'effort, mais pas à la place de l'effort !

PROLONGEMENT : présenter le principe de la « pleine conscience » (sans utiliser le terme, un peu complexe) au quotidien comme source de détente.

LA « PLEINE CONSCIENCE » DANS LA VIE QUOTIDIENNE

Cette pratique consiste à porter son attention sur le moment présent, les sensations corporelles et l'environnement, plutôt que de se laisser emporter par le flux de ses pensées et de ses émotions. Elle contribue à réduire le stress, améliore la concentration et permet de cultiver une attitude bienveillante envers soi-même et envers les autres.

Dans la pratique, la pleine conscience peut se pratiquer dans un moment de pause, où l'on se détend sans rien faire d'autre. Elle peut aussi se pratiquer à tout moment et en tout lieu, quand les tâches que l'on effectue ne nécessitent pas une activité cérébrale intentionnelle : quand on marche, on mange, on prend sa douche, on fait la vaisselle... La pleine conscience consiste alors à se recentrer et à focaliser son attention sur ce que l'on est en train de faire : respirer (bien sentir les inspirations et les expirations), marcher (porter son attention sur les sensations des pieds qui touchent le sol, des bras qui se balancent, de l'air sur le visage, des sons environnants...), prendre une douche (sentir l'eau qui coule sur la peau, l'effet sur les muscles, les gestes pour se laver...).

C Apprendre différentes manières de se détendre et d'entretenir la détente — 40 min

Cette partie permet d'identifier quelques bonnes et mauvaises manières de se relaxer, puis propose différentes activités de relaxation. Idéalement, la classe ne les teste pas à la suite mais sur plusieurs jours, de façon à ne pas biaiser un exercice par la détente apportée par un autre.

Matériel : activité C p. 86 et 87 du carnet élève.

Activité C1

1. Introduction en groupe classe : lire le titre de l'activité (Comment puis-je me détendre ?), former les binômes puis lancer l'activité.

2. Activité en binômes : classer chaque proposition entre les « vrais amis » et les « faux amis » de la détente.

3. Correction en groupe classe :

– les vrais amis de la détente sont : 2 (passer des moments à rêvasser car il importe d'offrir des temps de repos au cerveau), 6 (de temps en temps, ne rien faire, pour la même raison), 8 (avoir une chambre rangée, cela allège la charge mentale), 9 (faire une partie de ballon : détente physique et changement dans les pensées), 10 (prendre le temps de dormir, car le sommeil est réparateur), 11 (manger trop vite et dans le stress est mauvais pour l'humeur et la digestion) ;

– les faux amis de la détente sont : 1 (se coucher en boule dans son lit, car la position « en boule » crispe l'individu sur ses soucis), 3 (être tout le temps actif/active, car l'hyperactivité empêche la détente), 4 (passer beaucoup de temps à réviser, car l'esprit a besoin de détente et parce que cela entraine une focalisation, donc un stress, sur les résultats scolaires), 5 (jouer à des jeux sur un téléphone portable, qui n'apporte aucune détente mais, au contraire, excite le cerveau), 7 (jouer aux jeux vidéo, pour la même raison), 12 (regarder la télévision en boucle, car cela finit par « lénifier » au lieu de détendre, donc la télévision, c'est avec modération).

PROLONGEMENT : dans les jours et les semaines qui suivent, apprendre à choisir des activités permettant de se détendre.

Préalables à tous les exercices qui suivent

S'assurer que rien ne va déranger la séance (mettre un mot sur la porte ?).

Vider les tables et tout ranger.

S'installer confortablement (assis, éventuellement la tête dans les mains, ou allongés, idéalement les yeux fermés).

Expliquer qu'il n'y a pas d'enjeux : si un(e) élève perd le fil, il ou elle reprend là où la classe en est.

Peu importe si des élèves bougent, voire ricanent : ces exercices inhabituels pour eux peuvent les intimider ; plus le regard de l'enseignant(e) sera bienveillant, meilleure sera l'expérience.

Activité C2 : relaxation guidée

Matériel : des mouchoirs en papier.

Durée : 5 minutes la première fois, ensuite on pratique des exercices courts (2-3 minutes) ou plus longs (10 minutes).

1. Introduction en groupe classe : expliquer l'exercice (laisser les élèves libres de participer ou non, à condition de ne pas perturber les autres), proposer de se moucher avant l'exercice pour faciliter la respiration.

2. Activité :

RELAXATION GUIDÉE

Parler doucement, tranquillement, en faisant de nombreuses pauses.

Déroulé de l'exercice

1. Asseyez-vous confortablement sur votre chaise, le dos plutôt droit, les mains à plat sur la table ou sur les genoux, dans une position tranquille.

2. Progressivement, si vous le voulez bien, fermez les yeux pour ne pas être distraits par les autres.

3. Inspirez lentement par le nez en sentant votre ventre se gonfler.

4. Soufflez/Expirez doucement, lentement, par la bouche, sans faire de bruit.

5. Inspirez lentement par le nez et sentez comme l'air qui entre dans votre corps est frais.

(Répéter plusieurs fois les étapes 4 et 5.)

6. Soufflez doucement et sentez comme l'air qui sort est chaud.

(Accueillir les bâillements, signes que la détente se met en place.)

7. Quand vous avez terminé, relevez la tête pour que nous puissions partager ensemble.

Variante 1. L'exercice peut se faire allongé sur le sol, ce qui favorise la détente.

Variante 2. Commencer par détendre le corps : secouez les bras et les jambes, étirez-vous vers le haut en grandissant le plus possible, puis sur les côtés en tirant sur les membres pour grandir en largeur.

Variante 3. Continuer avec la détente de muscles spécifiques, par exemple ceux du visage :

– ouvrez la bouche en grand comme pour bâiller et restez quelques secondes ainsi... relâchez tout (recommencer plusieurs fois) ;

– fermez la bouche et serrez les dents en grimaçant... relâchez tout (recommencer plusieurs fois) ;

– souriez le plus largement possible en serrant les dents... relâchez tout (recommencer plusieurs fois);
– mettez la bouche en avant comme si elle devenait une trompe d'éléphant... relâchez tout (recommencer plusieurs fois);
– avec la langue, explorez l'intérieur de votre bouche: le palais... les dents... d'un côté... en bas... de l'autre côté...
– tirez la langue jusqu'à toucher votre nez... relâchez tout;
– fermez les yeux très fort... relâchez doucement (recommencer plusieurs fois);
– plissez le nez fortement... relâchez doucement (recommencer plusieurs fois).

3. Retour en groupe classe: collecter les impressions des élèves qui souhaitent partager et tout accueillir avec bienveillance.

Activité C3: exercice de focus

Il s'agit d'un classique exercice de méditation, mais le terme peut revêtir une connotation religieuse; on parle également de « pleine conscience », expression parfois controversée, et surtout obscure pour les élèves. Nous préférons parler ici de « focus » (on va fixer son attention sur une chose).

Matériel: un raisin sec par élève (s'assurer au préalable qu'aucun(e) élève ne fait d'allergie).

Durée: environ 10 minutes.

Préalable: idéalement, se laver les mains.

1. Introduction en groupe classe: expliquer l'exercice en annonçant qu'il ne faut pas toucher au raisin avant le début de l'exercice et ne pas le manger avant la fin; distribuer un raisin par élève.

2. Activité:

FOCUS SUR UN RAISIN SEC

Parler doucement, tranquillement, en faisant de nombreuses pauses.

Déroulé de l'exercice

1. Mettez le raisin dans la paume de votre main.
Sentez son contact sur votre peau...
son poids...
sa température éventuelle (est-il plus chaud ou plus froid que la paume de votre main?)...

2. Regardez-le comme si vous voyiez un grain de raisin pour la première fois de votre vie:
observez son aspect...
sa forme...
sa texture...
ses plis...
ses crêtes...
sa couleur...
la manière dont il reflète peut-être la lumière...

3. Touchez-le avec l'index...
et ressentez sa texture.

Prenez-le entre 2 doigts.
Là encore, ressentez sa présence...
son contact...
sa forme...
sa texture...
sa température...

4. Approchez-le lentement de votre nez...
sentez-le
et essayez de trouver son parfum...

Prenez conscience que cela provoque peut-être une envie de le manger...
une salivation...
des sensations dans la bouche...
dans l'estomac.

5. Maintenant, approchez-le de votre bouche.
Touchez-le avec vos lèvres...
touchez-le avec la langue...
Ressentez sa texture sur la langue...
un début de gout...

6. Posez-le délicatement sur la langue...
Ressentez les impressions sur la langue...
les impressions dans la bouche...

Fermez doucement la bouche sans mâcher...
Explorez les sensations:
le gout...
la salivation...
l'envie de mordre et d'avaler...

7. Mordez une fois dedans, une seule fois...
et explorer les sensations...

Puis mâchez lentement, très lentement...
et ressentez toujours la texture...
le déchirement en petits morceaux dans la bouche...
la fermeté...
le gout.

8. Quand vous le voulez, avalez-le et ressentez le trajet du raisin vers l'estomac...
le reste de gout dans la bouche...

9. Quand vous avez terminé, relevez la tête pour que nous puissions partager ensemble.

3. Retour en groupe classe: collecter les impressions des élèves qui souhaitent partager et tout accueillir avec bienveillance. Certains auront été agacés, notamment au début, par la lenteur de l'exercice et l'envie de manger le raisin. D'autres auront été surpris par l'exercice ou par l'ampleur des sensations (le raisin avait plus de gout que jamais). Certains n'auront pas pu s'empêcher de manger le raisin avant la fin: ce n'est pas grave.

4. Conclusion: se demander si, à chaque fois que l'on mange, procéder à un tel focus sur les aliments ne permettrait pas de ressentir des sensations aussi intenses. De même pour chaque action (prendre une douche, marcher, s'allonger dans son lit...) et faire le lien avec l'activité B.

Activité C4 : le mandala

Un mandala (« cercle sacré » en sanskrit) est un motif géométrique circulaire utilisé dans diverses traditions spirituelles et culturelles comme outil de méditation (pleine conscience). Sa forme arrondie (qui incarne l'Univers, la complétude et l'unité), sa symétrie, sa beauté (ses couleurs) et les gestes pour le former calment l'esprit et aident à se concentrer sur le moment présent.

Un mandala peut être créé avec du papier, des pierres, des sables de couleur, du tissu... Ce peut être une œuvre individuelle ou collective. On commence généralement par le centre, qui figure l'individu dans l'Univers, puis on étend la création vers l'extérieur à travers des motifs symétriques et répétitifs, ce qui apaise l'esprit.

Les élèves peuvent fabriquer leur propre mandala à l'aide d'un compas, ou colorier un modèle.

Matériel : mandala à photocopier (**fiche 23** pages 119-120 de ce guide, à photocopier : en choisir un, ou distribuer aux élèves selon leur dextérité dans le coloriage ou encore leur laisser le choix).

Durée : temps libre, on peut consacrer une durée déterminée à l'exercice sans qu'il soit nécessaire de terminer le mandala, qui peut être repris à un autre moment (par exemple, quand un(e) élève a terminé une activité) ou achevé à la maison.

1. Introduction en groupe classe : présenter l'exercice en demandant qu'il s'effectue dans le calme et le silence absolu (paroles et bruits) précisant qu'il n'y a aucun enjeu, uniquement le plaisir de faire et la détente que cela procure ; demander aux élèves de s'installer confortablement, pour que la respiration se fasse sans entrave. Distribuer un mandala par élève.

2. Activité individuelle : colorier avec des crayons et/ou des feutres, dans le calme et le silence absolu.

3. Retour en groupe classe : collecter les impressions des élèves qui souhaitent partager et tout accueillir avec bienveillance.

PROLONGEMENT : fabriquer collectivement un mandala, par exemple dans la cour de récréation (à la craie), dans la nature (commencer par collecter des feuilles, des fleurs, des mousses, des petites branches, des cailloux... sans toucher aux champignons et sans nuire à la nature (on peut ramasser des écorces mais pas les arracher des arbres) ou encore dans une salle d'activité (avec des éléments récupérés dans la nature ou avec des objets de récupération le plus colorés possible, que l'on découpe ou froisse. Photographier le résultat pour en conserver une trace.

PROLONGEMENT : demander à chacun d'évaluer pour lui-même la détente que procure chaque exercice testé en classe, proposer de les reproduire collectivement (relaxation guidée, exercice de focus) ou individuellement (mandala).

PROLONGEMENT : proposer d'autres exercices, au choix de l'enseignant(e), par exemple exercice de cohérence cardiaque, exercice de respiration abdominale, mimer les mouvements des vagues avec son corps en faisant le bruit de la mer, ou encore poser une main à plat sur la table et, avec l'index de l'autre main, « dessiner » le contour de la main en se focalisant sur ce que l'on ressent ; faire tinter une cloche (de préférence au son grave) et demander aux élèves de lever en silence la main quand ils n'entendent plus le son (ils sont alors de plus en plus concentrés pour tenter d'entendre le résidu de son).

Fiche 23 : trois mandalas à photocopier

Voir aussi hatier-clic.fr/24VdCmag014

Nom : ______________________ Date : ______________________

Pas trop d'écrans pour mieux apprendre

p. 88-89

Les écrans et leurs effets sur les enfants sont le sujet d'un débat intense et multidimensionnel. D'un côté, les écrans offrent des contenus éducatifs, des opportunités de s'amuser, de s'informer, de communiquer et de s'ouvrir sur le monde. Leur usage développe les compétences numériques, mais également des capacités comme la cognition spatiale et la faculté d'adaptation stratégique. Pour certains chercheurs, ils participent de la régulation des émotions et s'avèrent d'intéressants outils de socialisation (jeux en équipe, communication à distance, communautés en ligne…).

D'un autre côté, leurs effets néfastes ne sont plus à démontrer : sur la santé physique (troubles oculaires, qualité du sommeil, manque d'activité…) et mentale (excitation, anxiété, dépression, exacerbation des difficultés d'attention, retard de développement, notamment le langage, distension des liens familiaux…) mais également les risques de dépendance (jeux vidéo, réseaux sociaux…) et de repli sur soi. Sans compter l'exposition à de fausses informations et surtout à des contenus inappropriés, ce qui nuit au développement émotionnel et social des plus jeunes.

Si certaines familles sont vigilantes, d'autres n'ont pas conscience du danger ou ne disposent pas des outils leur permettant de limiter les usages à la maison. La séquence est l'occasion pour les élèves de découvrir les risques potentiels de l'usage (excessif) des écrans pour leur santé physique et mentale, d'apprendre à porter un regard critique sur leur usage et de les encourager à adopter une attitude modérée et responsable des écrans.

A Identifier les écrans et poser les représentations que l'on peut en avoir — 10 min

L'activité permet de procéder à un recueil des représentations.

Matériel : activité A du carnet élève.

1. Introduction en groupe classe : lire le titre de l'activité (Qu'est-ce que je sais déjà à propos des écrans ?), puis lancer l'activité.

2. Activité individuelle : nommer ou dessiner les écrans que l'on connait, puis écrire ce que l'on sait de la relation entre écrans et apprentissages.

3. Correction en groupe classe : parmi les écrans, on compte la télévision, les ordinateurs, les consoles de jeux, les tablettes, les smartphones (téléphones à écran interactif). En revanche, la liseuse n'est pas un « écran » car elle utilise une technologie d'affichage différente des autres (papier et « encre numérique », sans rétroéclairage, ce qui réduit la fatigue oculaire, absence de « lumière bleue » responsable des retards d'endormissement ; fonctionnement en monoactivité de lecture avec, éventuellement, la recherche de mots dans le dictionnaire, sans distractions, notifications, divertissements, ce qui empêche la dispersion et les effets de dépendance…).

4. Correction en groupe classe : sur les liens avec les apprentissages, les élèves identifient sans doute les qualités des écrans (pratiques, utiles pour apprendre, indispensables dans la vie moderne…), peut-être quelques effets néfastes (le soir, cela empêche de dormir ; cela peut nous isoler ; c'est addictif : plus on les pratique, plus on a envie de les pratiquer ; il ne faut pas en abuser) ; certains émettent peut-être des avis excessifs (cela détruit le cerveau des enfants) ou des représentations erronées (cela rend autiste…). Tout accueillir, éventuellement rectifier les représentations excessives ou erronées, sans entrer, pour le moment, dans le détail.

B Identifier les effets des écrans sur le cerveau — 15 min

L'activité se centre sur trois effets néfastes des écrans : l'impression durable qu'ils exercent sur le cerveau, ne laissant pas de place pour les apprentissages, le ralentissement cérébral engendré par un usage excessif, et l'excitation qu'il provoque, avec ses conséquences sur l'attention et sur le sommeil.

Matériel : activité B du carnet élève.

1. Introduction en groupe classe : lire le titre de l'activité (Quels sont les effets des écrans sur mon cerveau ?), puis lancer l'activité.

2. Activité individuelle : bien lire les informations à chaque fois et ne pas se précipiter pour compléter. Attention, certains mots ne sont pas utilisés dans les réponses (il y a 5 mots proposés, 4 places où les écrire et une des propositions est à utiliser 2 fois).

3. Correction en groupe classe :

1. Les écrans remplissent ma tête d'informations, ils ne laissent pas de place pour les apprentissages. Donc les écrans, c'est après le travail, jamais avant (sinon, pas de place pour les apprentissages).

2. Les écrans ralentissent le développement de mon cerveau. Donc les écrans, c'est pas trop (pour que mon cerveau se développe normalement).

3. Les écrans provoquent de l'excitation dans ma tête, ce qui diminue mon attention. Donc les écrans, c'est après le travail, jamais avant (sinon, je ne suis pas concentré(e)).

4. Les écrans provoquent de l'excitation dans ma tête. Donc les écrans, ce n'est jamais le soir (sinon, risque de difficultés d'endormissement).

On n'utilise ici ni souvent ni les loisirs.

4. Conclusion : les écrans, ce n'est pas trop, jamais avant le travail (pas de télévision le matin avant l'école) et jamais le soir dans l'heure qui précède le coucher.

C Identifier les conséquences d'un usage excessif des écrans sur la vie en général

15 min

Après avoir passé en revue les effets des écrans sur le cerveau, l'activité élargit l'observation aux conséquences des écrans sur les autres aspects de la vie.

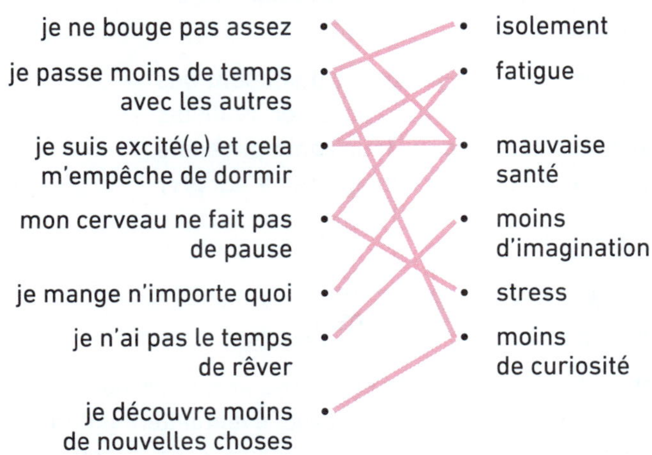

Matériel : activité C du carnet élève.

1. Introduction en groupe classe : lire le titre de l'activité (Quels sont les autres dangers des écrans ?), puis lancer l'activité.

2. Activité individuelle : relier chaque situation (colonne de gauche) à sa ou ses conséquences (colonne de droite).

3. Correction en groupe classe : ci-contre.

4. Conclusion : retenir qu'un usage excessif des écrans entraine de la fatigue, une mauvaise santé et du stress, provoque l'isolement, restreint l'imagination et la curiosité. Il convient de limiter le temps passé devant les écrans et de ne pas sacrifier des activités comme les jeux de société, les jeux sportifs et d'imagination, la lecture, les moments en famille ou entre amis…

D Identifier l'addiction aux écrans et lutter contre elle

20 min

Les « écrans » créent des addictions, au même titre que l'alcool ou le tabac : du fait des stimulations visuelles mais aussi des systèmes de récompenses (félicitations, points, gains, niveaux, sons et vibrations), qui entrainent la libération de dopamine, un neurotransmetteur associé au plaisir et à la motivation. Sans parler de l'évasion émotionnelle qui permet de soulager des émotions négatives.

L'usage excessif des écrans est un cercle vicieux. Il vient combler un vide d'activité et un manque de lien social en même temps qu'il les creuse, masquant alors l'inactivité et l'isolement derrière une impression d'activité intense et d'interactions sociales (à distance). Le manque de sommeil qu'il occasionne réduit alors la capacité à contrôler ses impulsions et accroit le risque de dépendance.

Matériel : activité D du carnet élève.

1. Introduction en groupe classe : lire le titre de l'activité (Comment ne pas devenir accro aux écrans ?), puis lire et expliciter la phrase en bleu (les créateurs des vidéos, des jeux, des applications et des réseaux sociaux font tout pour nous maintenir le plus longtemps possible sur les écrans) et lancer l'activité.

2. Activité individuelle : compléter chaque phrase en s'appuyant sur sa propre expérience.

3. Correction en groupe classe :

– Les personnages de dessins animés sont mignons, drôles, attachants…

– Les couleurs des jeux et des applications sont vives, attrayantes, belles…

– Quand on reçoit un « like » , on ressent du plaisir, de la fierté…

– Dans les jeux, on reçoit des « récompenses » sous la forme de mots, de phrases : bravo, parfait, super, félicitations, tu as gagné, magnifique… • d'images : feux d'artifice, foule qui danse avec les bras levés… • de sons : musiques joyeuses, jingles de félicitation… • et même d'effets dans les mains : vibration du téléphone.

4. Conclusion : comprendre que tout cela donne envie de revenir aux écrans. Pour résister et s'en sortir, il convient de réduire son temps sur les écrans (se fixer une limite quotidienne ou hebdomadaire, recourir à un minuteur). Comme toute lutte contre une addiction, celle-ci est difficile au début (ce qui prouve que l'on est accro) et nécessite que l'on se tourne vers une activité de substitution pour mieux résister. Puis l'envie s'éteint et le manque disparait. Veiller cependant à ne pas « rechuter ».

PROLONGEMENT : dans les jours, les semaines qui suivent, proposer aux élèves qui le souhaitent de faire un retour d'expérience sur leur limitation d'usage des écrans.

Des bruits, des sons et les apprentissages

p. 90-91

Les sons et les bruits génèrent de la fatigue auditive et du stress. Ils sont sources de distraction, réduisent la concentration et créent des interruptions dans l'attention, en particulier s'ils sont forts, imprévisibles ou prolongés. Ils gênent alors les apprentissages, brouillent la mémoire de travail et interfèrent avec la mémoire à long terme.

Les sons et les bruits ne sont cependant pas tous néfastes. Certains contribuent même à renforcer la concentration. C'est le cas de la musique classique instrumentale, dont le rythme régulier et la structure cohérente aident à organiser la pensée. C'est également le cas de certaines musiques de relaxation et des sons de la nature (la pluie, les vagues, le chant d'oiseaux…), qui créent une atmosphère propice à la détente, à la concentration et à la réflexion. Enfin, c'est le cas des bruits blancs et des bruits roses, qui viennent masquer un fond sonore et agissent directement sur le cerveau. Nous ne traitons pas ici des sons binauraux, créés en utilisant deux fréquences légèrement différentes dans chaque oreille pour simuler un effet de battement et stimuler le cerveau, synchroniser les ondes cérébrales et améliorer la concentration, mais encore sujets à caution.

A Prendre le temps de capter et d'identifier les sons ambiants — 10 min

L'activité permet de prendre conscience des différents bruits qui nous entourent, mais également de constater que nous ne détectons pas tous les mêmes.

Matériel : activité A du carnet élève.

1. Introduction en groupe classe : lire le titre de l'activité (Qu'est-ce qu'on entend ?), puis inviter les élèves à écouter attentivement et à relever tous les bruits et les sons qu'ils entendent, dans et en dehors de la classe.

2. Activité individuelle : relever les bruits et les sons en tendant l'oreille, mais aussi en utilisant son cerveau pour écouter « partout ».

3. Retour en groupe classe : relever les réponses des élèves, les noter au tableau en organisant le recueil.

dans la classe	dans l'école	au-dehors
bruissements de papier, stylo, raclement de chaise, raclement de gorge, murmures, respiration et soupirs, bruits de pas (enseignant), chute de matériel, vibration de la porte, aération, vent dans la fenêtre, tic tac de l'horloge…	voix et sons venus des autres classes, bruits de pas dans les couloirs, les escaliers, rires, jeux dans la cour, bruit de ballon, aération, tic tac de l'horloge, claquements de portes, de fenêtres, grincements…	bruits de la pluie, du vent, chants d'oiseaux, pas et voix des piétons, bruits du marché, signal sonore (signalisation pour les aveugles, par exemple), bruits de moteurs et de la circulation, aboiements, travaux, alarmes, avion…

Chercher chaque son avec ses oreilles, « scanner » l'espace, les différents lieux, tendre l'oreille, et remarquer comme tous n'entendent pas les mêmes sons. Constater éventuellement que certains sons sont difficiles à repérer, d'autres difficiles à identifier.

4. Conclusion : prendre conscience du bruit autour de nous et comprendre que notre cerveau capte tous les bruits, même si nous n'en avons pas conscience, ce qui a certainement une incidence sur notre concentration et notre travail.

B Identifier des bruits que l'on aime et ceux que l'on n'aime pas — 15 min

L'activité vise à identifier les sons que chacun apprécie ou pas et à constater la variété du vécu dans ce domaine.

Matériel : activité B du carnet élève.

1. Introduction en groupe classe : lire le titre de l'activité (Quels sons, quels bruits j'aime ou je n'aime pas ?), puis lancer l'activité en expliquant qu'il n'y a pas de bonne ou de mauvaise réponse, seulement un gout personnel.

2. Activité individuelle : entourer en vert les sons que l'on apprécie et en rouge ceux qui gênent. Les sons représentés sont : un chien qui aboie • la pluie • un jeu de ballon dans la cour • la musique • l'enseignant(e) qui parle • le vent • des rires • des travaux dans la rue avec marteau-piqueur • la chasse d'eau • le tic-tac de l'horloge ou d'un réveil • l'orage • des chuchotements • un oiseau qui chante • le goutte-à-goutte d'un robinet • le raclement d'une chaise • une sonnerie • un bruit de pas • le bruit d'un crayon sur le papier • la sirène des pompiers • une porte qui claque • la craie sur le tableau.

3. Retour en groupe classe : sur la base du volontariat ; constater les différences d'appréciation, d'une part parce que le visuel peut être différemment apprécié (par exemple, certains imaginent un jappement joyeux de chien, tandis que d'autres pensent à d'incessants et bruyants aboiements), d'autre part parce que chacun a son propre vécu (un(e) élève qui a du mal à se concentrer n'aimera pas les chuchotements, qu'un autre trouvera agréable). Relever cependant quelques constantes : presque tout le monde déteste les travaux dans la rue, surtout s'ils sont proches, alors que le bruit régulier de la pluie est réconfortant pour beaucoup (on est à l'abri, à l'intérieur, on a moins envie de sortir...).

4. Conclusion : comprendre qu'un(e) élève qui se plaint d'un bruit n'est pas « difficile » mais perçoit différemment les choses.

C Découvrir les sons qui aident à la concentration

15 min

Les <u>bruits blancs</u> sont des sons constants, qui produisent à intensité égale toutes les fréquences audibles par l'oreille humaine : ils créent un environnement sonore uniforme qui masque les bruits indésirables et améliorent alors la concentration, voire la qualité du sommeil.

Les <u>bruits roses</u> contiennent toutes les fréquences audibles avec une intensité décroissante à mesure que la fréquence augmente. Ils évoquent le bruit d'une cascade ou de la pluie et sont utilisés pour réduire l'anxiété.

Matériel : activité C du carnet élève et sons à écouter (hatier-clic.fr/24VdCmag015).

1. Introduction en groupe classe : lire le titre de l'activité (Existe-t-il des sons qui m'aident à me concentrer ?), puis lire la consigne (*Je tente une expérience : je fais mon travail et je coche les sons qui m'aident à me concentrer*). Expliquer aux élèves qu'ils vont travailler (idéalement, un travail de copie, comme une poésie, de façon à pouvoir s'arrêter facilement pour évaluer son expérience à chaque étape...) avec un fond sonore. Au fur et à mesure (idéalement) ou à la fin, ils évaluent leur ressenti de chaque son pour dire s'il a contribué à leur concentration.

2. Activité individuelle : travail individuel dans le silence.

3. Retour en groupe classe : sur la base du volontariat. Le vécu peut être différent selon les élèves, et l'enseignant(e) peut partager son propre ressenti. Remarquer que les sons proposés sont constants, réguliers, de façon à ne pas perturber la pensée (on ne peut pas apprendre une leçon, par exemple, en écoutant son rappeur préféré).

4. Conclusion : comprendre que certains sons nous gênent pour travailler, mais que d'autres nous aident à nous détendre ou à nous concentrer car ils masquent les autres bruits (ceux qui attirent notre attention et nous déconcentrent).

PROLONGEMENT : proposer aux élèves d'utiliser les sons découverts en classe, par exemple lors des devoirs à la maison, et d'en chercher d'autres. On pourra alors procéder à un retour d'expérience.

D Identifier les bruits gênants que la classe peut produire et les réduire

20 min

L'activité permet un partage collectif des bruits qui gênent, mais aussi une prise de conscience des bruits que la classe peut occasionner et qui pourraient gêner les autres classes.

Matériel : activité D du carnet élève.

1. Introduction en groupe classe : lire le titre de l'activité (Y a-t-il des bruits qui nous gênent et gênent les autres ?), puis lancer l'activité.

2. Activité individuelle : réfléchir individuellement sur sa propre expérience et relever les bruits de la classe qui entrainent une gêne personnelle.

3. Retour en groupe classe : sur la base du volontariat, mais encourager le partage de manière à identifier les bruits les plus gênants pour la classe.

4. Activité individuelle : noter les réponses pour la classe puis passer à l'activité suivante, et réfléchir sur sa propre expérience et relever les bruits de l'école (en dehors de la classe) qui entrainent une gêne personnelle.

5. Retour en groupe classe : sur la base du volontariat, encourager le partage de manière à identifier les bruits les plus gênants pour la classe.

6. Activité individuelle : noter les réponses pour la classe.

7. Retour en groupe classe : sur la base des bruits générés par les autres classes, tenter d'identifier ensemble les bruits de la classe susceptibles de gêner les autres classes. Par exemple, si la classe est gênée par la proximité sonore d'une autre classe, ou par les jeux dans la cour en cas de récréation alternée, ou par les séances d'EPS, elle peut projeter qu'elle gêne l'autre classe par sa proximité sonore, ou que les jeux et les séances d'EPS de la classe gênent sans doute le reste de l'école.

8. Conclusion : chercher ensemble les mesures à adopter pour limiter la gêne auditive dans la classe et pour les autres classes.

PROLONGEMENT : dans les jours et les semaines qui suivent, procéder à une évaluation des progrès.

Mieux travailler à la maison

p. 92-93

Selon la loi d'orientation et de programmation de 2013, les élèves ont des « devoirs à faire » à la maison : leçon à revoir, lecture à reprendre ou à poursuivre, résumé ou poésie, tables d'addition ou de multiplication à apprendre, révisions en vue d'une évaluation. Mais ils n'ont normalement pas de devoirs écrits, éventuellement un travail de recherche avec prise de notes. En revanche, au collège puis au lycée, les élèves ont des leçons à apprendre et des devoirs écrits à réaliser à la maison.

Les classes de CM sont la dernière occasion d'apprendre à travailler à la maison, avant l'autonomie attendue au collège. Cette séquence et la suivante sont l'occasion de faire un point sur le travail à la maison, la manière de s'organiser et de le faire. La qualité du travail effectué dépend bien sûr des conditions de travail personnelles : le lieu, la tranquillité, la compréhension, voire le soutien des adultes... Certains élèves peuvent améliorer ces conditions (ne plus travailler à côté de la télévision, par exemple), d'autres n'ont aucune influence possible sur leurs conditions de travail, mais au moins peuvent-ils prendre conscience de ce qui limite leurs performances, de manière à, éventuellement, en parler avec leurs parents, voire à ajuster la situation.

A Identifier sa plus ou moins grande facilité à travailler à la maison

15 min

L'activité propose une auto-observation de la mise au travail à la maison, de manière à prendre conscience des bons et des mauvais fonctionnements.

Matériel : activité A du carnet élève.

1. Introduction en groupe classe : lire le titre de l'activité (Comment je me mets au travail ?), puis lancer l'activité en demandant de répondre sincèrement et pour soi-même.

2. Activité individuelle : colorier le plus honnêtement possible les choix correspondant à la situation personnelle.

3. Retour en groupe classe : sur la base du volontariat, en apportant des précisions...

– chacun se met au travail avec ou sans plaisir, mais il faut éviter de ne pas faire son travail car on accumule du retard et la scolarité peut devenir de plus en plus difficile ;

– c'est bien de répondre honnêtement ; cependant, il vaut mieux prendre le temps de faire son travail (sans, toutefois, trainer) de façon, surtout, qu'il soit bien fait ; s'arrêter tout le temps augmente le temps consacré aux devoirs, donc n'est pas très productif ; faire deux choses en même temps donne l'impression que les devoirs sont moins pesants, mais ils risquent d'être moins bien faits que si l'on est concentré, et surtout ils vont nécessiter plus de temps : mieux vaut les faire vite puis passer à autre chose ;

– c'est bien d'identifier sa plus ou moins grande facilité à s'organiser et de savoir demander de l'aide ;

– le travail n'est pas un plaisir pour tous et c'est bien de le reconnaitre.

Ensuite, lire ensemble la phrase en bleu et expliciter : quand on n'a pas envie de faire un travail, on peut avoir tendance à procrastiner : remettre à plus tard ce que l'on devrait faire maintenant. Le retard s'accumule et cela cause du stress : mieux vaut faire son travail au plus vite pour être libéré(e). Comprendre que la procrastination accroit la « charge mentale » : on ne cesse de penser à ce que l'on aurait dû ou devrait faire et cela occasionne du stress.

4. Conclusion : apprendre à ne pas procrastiner et faire les choses à temps, pour se libérer de l'anxiété et pour avoir du temps libre pour les activités appréciées.

B Identifier son propre fonctionnement de travail à la maison : les lieux

15 min

Cette activité permet de réfléchir sur le lieu choisi pour le travail à la maison, dans le but de s'interroger sur sa pertinence et, éventuellement, d'envisager des modifications, en tenant compte des contraintes (pièce unique et bruyante, décisions des parents...).

Matériel : activité B du carnet élève.

1. Introduction en groupe classe : lire le titre de l'activité (Où est-ce que je travaille ?), puis lancer l'activité en demandant bien de répondre sincèrement et pour soi-même.

2. Activité individuelle : entourer les conditions correspondant à sa situation personnelle puis réfléchir sur la manière éventuelle d'améliorer ces conditions.

3. Retour en groupe classe : sur la base du volontariat, en apportant des précisions :

– chacun travaille où il peut, en fonction des contraintes familiales, de la place disponible, mais l'idéal est de pouvoir s'isoler ; en outre, travailler sur son lit n'est pas une bonne idée ; certes, c'est confortable, mais on n'a pas une posture de travail et surtout, quand on se couchera, le corps ne saura plus s'il est dans un lieu de détente ou dans un lieu de travail, et l'on risque de moins bien dormir ;

– travailler seul permet de se concentrer, travailler à côté d'autres personnes peut être pratique (on peut demander de l'aide) et stimulant (la concentration des autres est « contagieuse ») ;

– travailler dans un endroit calme pour une meilleure concentration, mais on n'a pas forcément le choix;

– l'idéal est de travailler dans un lieu où l'on peut se concentrer, et il faut parfois arbitrer en faveur d'un lieu que l'on apprécie moins, mais dans lequel on pourra travailler mieux et plus rapidement;

– chacun réfléchit, en fonction des contraintes familiales, pour éventuellement identifier de meilleures conditions de travail.

PROLONGEMENT: si des élèves envisagent de modifier leurs conditions de travail à la maison, prévoir un retour d'expérience sur la base de volontariat.

C Identifier son propre fonctionnement de travail à la maison: les moments — 10 min

L'activité permet de réfléchir sur le moment choisi pour faire ses « devoirs », pour, éventuellement, envisager des modifications, en tenant compte des contraintes.

Matériel: activité C du carnet élève.

1. Introduction en groupe classe: lire le titre de l'activité (Quand est-ce que je travaille?), puis lancer l'activité en demandant bien de répondre sincèrement et pour soi-même.

2. Activité individuelle: cocher les conditions correspondant à sa situation personnelle (en bleu, la situation actuelle, en rouge, les mauvaises conditions de travail, et vert celles que l'élève veut essayer de mettre en œuvre).

3. Retour en groupe classe: sur la base du volontariat entre les coches bleues et vertes, mais corrections collectives pour les coches rouges.

☑ on peut travailler dès le retour à la maison, mais on peut aussi faire une pause préalable;

☑ il ne faut pas jouer à un jeu vidéo avant de travailler, car les écrans provoquent de l'excitation dans le cerveau, ce qui rend plus difficile ensuite le retour à l'attention et à la concentration;

☑ il n'est pas bon de reporter son travail le plus tard possible, juste avant de dormir, car procrastiner entraine du stress, on peut manquer de temps pour un travail un peu long et, avant de dormir, mieux vaut avoir un temps calme qu'un temps de travail;

☑ on peut tout à fait faire son travail en plusieurs fois;

☑ on peut travailler avec une montre pour se chronométrer et éviter de trainer;

☑ quand on a beaucoup de travail, il est bon de faire des pauses;

☑ il est toujours bon de s'avancer, car on ne sait jamais ce qui peut arriver le lendemain (fatigue, visite à l'improviste...).

4. Conclusion: récapituler et faire le lien avec le collège (ce sont des pistes auxquelles les élèves pourront penser quand ils y seront).

D Trouver comment améliorer les modalités de son travail à la maison — 20 min

L'activité propose une méthode de travail, que l'on peut suivre à la lettre ou adapter à son propre fonctionnement.

Matériel: activité D du carnet élève.

1. Introduction en groupe classe: lire le titre de l'activité (Comment j'organise mon travail?), puis lancer l'activité.

2. Activité individuelle: compléter chaque ligne avec une idée, une personnalisation.

3. Retour en groupe classe: sur la base du volontariat, par exemple...

1. Je commence par regarder tout ce j'ai à faire: sur mon agenda.

2. Je choisis l'ordre des activités et je les note avec des numéros sur mon agenda.

3. Je commence par une activité courte et facile par exemple, relire ou apprendre une liste de mots invariables.

4. Ensuite, je fais ce qui est plus difficile par exemple, les règles de maths.

5. Je termine par le plus facile, le plus motivant par exemple, terminer un dessin.

6. Je répartis en plusieurs fois ce que je n'aime pas par exemple, la conjugaison.

7. Au fur et à mesure, je note ce que j'ai fini par exemple, au stabylo sur mon agenda.

PROLONGEMENT: faire le point sur les améliorations personnelles possibles dans le travail à la maison.

PROLONGEMENT: évoquer aussi l'importance de travailler dans un environnement rangé, de préparer ses affaires à l'avance pour ne pas s'interrompre...

PROLONGEMENT: recopier la méthode sur une feuille (en la personnalisant) et l'afficher à la maison, là où on travaille.

Organiser mon travail dans le temps

p. 94-95

Apprendre à organiser son travail dans le temps est une compétence essentielle pour les futurs collégiens. Cela leur permet de gérer leur temps, d'estimer le temps nécessaire pour accomplir chaque tâche, d'anticiper les écueils, de planifier les activités et d'éviter de procrastiner. Dès l'école élémentaire, cela permet de produire un travail de meilleure qualité et plus efficace.

Le développement de cette compétence est l'occasion de développer l'autonomie et la responsabilité individuelle, de considérer le travail scolaire comme relevant de sa mission d'élève, mais aussi de se préparer à la vie de collégien et d'adulte. Si l'organisation du travail à l'école élémentaire est simple, les élèves relevant le plus souvent d'un seul enseignant, lequel répartit la charge dans le temps, rappelle aux élèves les évaluations, exposés et révisions à venir… au collège, ces mêmes élèves devront eux-mêmes jongler entre les attentes de nombreux professeur(e)s, qui ne se coordonnent pas pour répartir la charge de travail et ne rappellent pas nécessairement les tâches à anticiper. Cette séquence est donc l'occasion de travailler sa capacité à s'organiser.

A Comprendre l'importance de prévoir et d'organiser son travail — 20 min

L'activité permet de comprendre que certaines tâches ont besoin d'être anticipées.

Matériel : activité A du carnet élève.

1. Introduction en groupe classe : lire le titre de l'activité (Pourquoi faut-il s'y prendre à l'avance ?). Lire la consigne et regarder ensemble l'exemple : faire un exercice de grammaire demande peut-être 15 minutes et peut être réalisé en un seul soir. Puis lancer l'activité en binômes.

2. Activité en binômes : comprendre chaque exemple, identifier le temps nécessaire pour chaque tâche (au besoin, s'appuyer sur un exemple récent), évaluer si cela peut être réalisé en une seule fois, plutôt un soir ou plutôt un weekend, ou se demander s'il est nécessaire de fractionner la tâche, soit parce qu'elle est chronophage, soit parce qu'une révision, on l'a vu, sera meilleure si l'on y revient plusieurs fois.

3. Correction en groupe classe : , en accueillant les variantes des élèves. Par exemple :

	temps nécessaire	faisable en une fois		en plusieurs fois	
		1 soir	1 weekend	demande du temps	pour bien mémoriser
apprendre une poésie	20 min				✓
faire un exercice de maths	10 min	✓			
préparer un exposé	40 min		✓		
apprendre une leçon d'histoire	10 min	✓			
réviser pour une évaluation	30 min				✓
apprendre une conjugaison	10 min	✓			
lire un livre	3 heures			✓	

4. Échange en groupe classe : échanger pour comprendre ce qui se passe quand on commence trop tard les travaux qui demandent du temps (on n'est pas prêt à temps, on stresse, on est anxieux, on ne peut pas faire face aux imprévus comme un travail supplémentaire, une maladie, un jour de fatigue, une activité à l'improviste…).

PROLONGEMENT : dans les jours et les semaines qui suivent, identifier les tâches qui demandent de l'anticipation, aider à la planification et procéder à un retour d'expérience.

B Évaluer sa propre capacité à organiser son travail à l'avance — 10 min

L'activité propose plusieurs pistes pour organiser les tâches chronophages.

Matériel : activité B du carnet élève.

1. Introduction en groupe classe : lire le titre de l'activité (Comment je peux prévoir les travaux longs ?) et lancer l'activité.

2. Activité individuelle : colorier en fonction des essais que l'on a envie de faire à titre personnel.

3. Retour en groupe classe : sur la base du volontariat. Chacun choisit en effet sa manière de se remémorer les tâches à prévoir et les moments pour leur consacrer du temps. Les élèves peuvent proposer d'autres pistes, comme prendre le temps, tous les jours, de regarder ce que l'on a à faire pour plus tard, consacrer un jour de la semaine aux travaux longs, créer un tableau, une checklist, une affiche…

PROLONGEMENT : dans les jours et les semaines qui suivent, procéder à un retour d'expérience pour permettre aux élèves d'évaluer leurs progrès dans l'anticipation et l'organisation.

C Apprendre à faire un rétroplanning **20 min**

Un rétroplanning est un outil de planification, généralement sous la forme d'un tableau, utilisé pour organiser un travail dans le temps. Il permet de définir les étapes et, partant de la date butoir, de remonter le temps pour répartir les étapes, leur durée, leur succession, voire leur interdépendance.

Matériel : activité C du carnet élève.

1. Introduction en groupe classe : lire le titre de l'activité (Comment faire un planning de travail ?), puis lancer l'activité.

2. Activité individuelle : lire le texte en bleu puis suivre les étapes, compléter et remplir le tableau.

3. Correction en groupe classe :

1. Écrire G dans la case du lundi 22.

2. Prévoir le temps nécessaire pour réviser : personnaliser en fonction de son propre mode de fonctionnement.

3. Écrire g le 21, pour la dernière révision.

4. Écrire g le 19 (un jour de pause, un jour de révision) et encore le 17 : il faut commencer le mercredi 17.

5. « Prévoir » les imprévus : se donner un ou deux jours en plus, donc commencer le mardi 16 ou le lundi 15.

6. Colorier le mardi 16 ou le lundi 15.

7. Si une étape n'est pas respectée, on rattrape aussitôt, par exemple en ne faisant pas de pause le lendemain, ou en prévoyant une double révision le surlendemain…

lu 15	ma 16	me 17	je 18	ve 19	sa 20	di 21	lu 22	ma 23	me 24	je 25	ve 26	sa 27
		g		g		g	G					

4. Conclusion : inviter les élèves à utiliser ce type de tableau pour prévoir.

PROLONGEMENT : le tableau peut être enrichi de plusieurs lignes (plusieurs tâches).

5. Travailler en groupe classe : lire l'astuce proposée contre la procrastination puis reprendre, pas à pas, les astuces proposées pour éviter de procrastiner (remettre à plus tard).

1. Diviser la tâche en plusieurs temps courts, qui seront plus faciles à aborder.

2. Commencer le plus tôt possible : cela réduit l'anxiété, dope la motivation (on avance déjà) et permet d'achever la tâche plus rapidement. On peut comparer avec un jeu d'attaque : plus on attend l'adversaire, plus on est faible. Il faut au contraire aller de l'avant.

3. Avancer un peu chaque jour : on sent que cela avance.

4. Dessiner une étoile à chaque étape : s'octroyer des « récompenses » pour stimuler encore la motivation.

PROLONGEMENT : mettre en œuvre ces astuces dès que possible et procéder à un retour d'expérience.

PROLONGEMENT : terminer le carnet en visionnant la vidéo *Un cerveau en pleine forme*, réalisée sous la direction du Dr Éléonore Bayen, neurologue, médecin à l'hôpital de la Pitié-Salpêtrière et maitre de conférences à la Sorbonne Université. https://mybrainrobbie.org/fr/#av_section_2

IMPRIM'VERT
PAPIER À BASE DE FIBRES CERTIFIÉES
Hatier s'engage pour l'environnement en réduisant l'empreinte carbone de ses livres. Celle de cet exemplaire est de : 850 g éq. CO_2
Rendez-vous sur www.hatier-durable.fr

Achevé d'imprimer en Italie par L.E.G.O. S.p.A. - Lavis (TN)
Dépôt légal : 10700-7/01 - Juin 2024